W0182722

Allegria

Die Autorin

Luisa Francia (*1949) ist Schriftstellerin, Künstlerin, Zauberkundige, Reisende, hat eine erwachsene Tochter, spricht fünf Sprachen und hat über zwanzig Bücher veröffentlicht, von denen einige Bestseller wurden. Sie führt ein Internet-Tagebuch (www.salamandra.de) und beschäftigt sich zur Zeit am liebsten mit Stadtritualen und der Wiederverzauberung der Welt.

10/08

Luisa Francia

Die magische Kunst, das Glück zu locken

Ullstein

Besuchen Sie uns im Internet:
www.ullstein-taschenbuch.de

Allegria im Ullstein Taschenbuch
Herausgegeben von Michael Görden

Umwelthinweis
Dieses Buch wurde auf chlor- und säurefreiem Papier gedruckt.

Ullstein Taschenbuch
ist ein Verlag der Ullstein Buchverlage GmbH, Berlin
Neuausgabe im Ullstein Taschenbuch
1. Auflage Oktober 2008
© 2008 by Ullstein Buchverlage GmbH, Berlin
© der Originalausgabe 2004 by nymphenburger in der F. A. Herbig
Verlagsbuchhandlung GmbH, München
Umschlaggestaltung: FranklDesign, München
Titelabbildung: www.vietmeier.com
Gesetzt aus der Trump Mediäval
Satz: Schaber Satz- und Datentechnik, Wels
Druck und Bindearbeiten: GGP Media GmbH, Pößneck
Printed in Germany
ISBN 978-3-548-74452-0

Faites du bien à une pierre,
elle vous le rendra.

Tut einem Stein Gutes,
er wird es euch vergelten.

Berber-Weisheit

Inhalt

Ich habe einfach kein Glück …
11

Glück gehabt
19

So ein Pech
29

Das Glück hat Sinn
39

Dem Glück auf die Sprünge helfen
49

Die Laus auf der Leber, das Haar in der Suppe
61

Glück ist ein Gefühl
69

Unwahrscheinliches Glück
81

Gehören Gehorchen
95

Liebesglück
103

Bitter macht glücklich
111

Märchenhaftes Glück
119

Der G-Punkt in der Geschichte
129

Das Träumen
139

Das Glück der Dummen?
151

Einfach sein
159

Glück ist göttlich
167

Die magische Kunst, das Glück zu locken
175

Glücksspiele
183

Nichts ist da
207

Ich habe einfach kein Glück …

… ist eine etwas fantasielose Reaktion auf ein Wunder. Denn dass es ein Glück und ein Wunder ist, geboren zu werden, einen vollkommenen Körper zu bewohnen, von bezaubernder Natur umgeben zu sein, Luft zu atmen, mit dem Wasser zu fließen, von der Erde genährt zu werden und sich an eigenen und an fremden Feuern wärmen zu können, wird wohl kaum jemand bezweifeln. Das Wunder des Lebens ist keine Kleinigkeit, aber natürlich, es gibt immer was zu meckern: Hier war der Kaffee nicht heiß genug, dort gibt es die Schuhe nicht in Helltürkis, der Lippenstift passt nicht zum Nagellack und der Friseur hat die Haare verschnitten. Ach, und vielleicht verliere ich meine Arbeit – da kommen wir der Sache schon näher. Gibt es Glück, wo es Arbeitslosigkeit und Armut gibt? Die Erde wird zerstört, skrupellose Geschäftemacher vergiften die Luft, das Wasser, reißen den Körper der Erde auf – und die realitätsfremden Hexenfrauen wollen nur zaubern und glücklich sein? Glück ist eine hohe

Herausforderung. Auch eine politische Herausforderung. Glück lässt sich nicht mit ein paar Subventionen, mit Arbeitszeitanpassung oder Gesundheitsreform regeln. Zum Glück braucht es Entspannung. Doch wo finanzielle Absicherung beginnt, hört die Unzufriedenheit noch lange nicht auf.

Neidisch sagt schon gelegentlich ein Reisender bei der Heimkehr, dass die armen Menschen dort im Urlaubsland zwar arm, aber viel glücklicher seien als die Menschen hier. Und so manche Frau gibt zum Besten, wie herrlich unkompliziert und bescheiden die armen Afrikaner oder Asiaten seien. Wie wenig sie zum Leben brauchten und wie schön dennoch ihre Dörfer, ihre Kleidung, ihre Häuser seien. Armut gleich Glück? Das wäre ein zynischer Ansatz. Wissen wir nicht, dass eben aus diesen hübschen, pittoresken Gegenden Kinder in die Prostitution verschleppt, Frauen und Männer in die illegale Zwangsarbeit geknechtet werden?

»Ich habe einfach kein Glück« ist eher so etwas wie eine faule Ausrede. Ich bin zu faul, um das Glück zu locken, mich der Herausforderung zu stellen, für das Glück auf Abenteuerreise zu gehen, das Glück zu spinnen, zu weben und mein ganzen Leben der Entdeckung des Glücks zu widmen. Denn eines steht fest: Als wir geboren wurden, tat sich ein ganzes Universum von Herausforderungen auf, deren erste ist: Wie bewältige ich alle Schwierigkeiten der Zeit, in die ich hineingeboren wurde, und erblühe zugleich zu der Persönlichkeit, die ich bin? Wer sagt, dass das leicht ist, dass es jemals leicht war, dass es leicht sein müsste? Wer sagt, dass es irgendetwas mit Geld, mit Reichtum oder Armut zu tun hat, dass es etwa leichter sei, glücklich zu sein, das Wunder zu atmen, auf den Gesang des Windes zu lauschen, das Funkeln der Sterne wahrzunehmen und das Herz zu öffnen, wenn vier Sicherheitsschlösser in der Tür geschlossen wurden und im Tresor die Geldpakete warten? In der Herausforderung liegt das Glück. Das Leben ist ein Abenteuer, auch ohne Abenteuerreise.

Als ich das Filmfest in Ouagadougou im afrikanischen Sahelstaat Burkina Faso besuchte, musste ich jeden Abend nach all den Veranstaltungen etwa vier Kilometer in mein kleines Hotel, etwas außerhalb der Stadt hinter der »barrage«, dem Stausee, gehen. Natürlich hätte ich mit dem Taxi fahren können. Doch nach den vielen Stunden, die ich auf diversen unbequemen Kinositzen verbracht hatte, wollte ich laufen und schauen. Ich durchquerte die Gemüsegärten der Einwohner Ouagadougous, ging über die Brücke des Stausees, beobachtete die Fischer, hörte den Trommlern zu, die am Abend zusammenkamen. Die Luft, die tagsüber schier unerträglich heiß gewesen war, wurde lind und schmeichelnd, Vögel sangen, die Palmen hinter dem Stausee wiegten sich. Dann musste ich am Müllberg vorbeigehen. Und jeden Abend stieg dort ein halb nackter Mann durch Gartenabfälle, alte Batterien, kaputte Bastmatten, verfaulende und verwesen-

de Tierreste. Er trug nur eine Art Lendenschurz, seine Haare waren lang und verfilzt.
»Er ist ein Verrückter«, sagte der Fanta-Verkäufer, bei dem ich mir jeden Abend eine Flasche Fanta kaufte.
»Was heißt verrückt?«, fragte ich, denn die Definition von verrückt ist ja nicht in allen Kulturen gleich.
»Er spinnt, er lebt nicht wie andere mit seiner Familie, er streunt rum und heult nachts den Mond an, er ist nicht verheiratet, er geht nicht in eine Kirche oder Moschee, er glaubt an nichts.«
Ich betrachtete ihn, wie er über den Müll stieg und jede Einzelheit untersuchte. Er tat also lauter Dinge, die ich als ziemlich sinnvoll ansehe. Er hätte auch ein Umweltforscher sein können. Er interessierte mich. Auch ich lebe allein, gehe nicht in Kirchen oder Moscheen, spinne, streune herum, heule zwar den Mond nicht an (oder sagen wir, ich singe für den Mond und manche, wie der Fanta-Verkäufer, denken vielleicht, ich heule ihn an), doch immerhin tanze ich sogar für den Mond, was ich dem Verkäufer nicht unbedingt sagen muss.
An meinem letzten Abend in Ouaga gab es ein großes Fest. Ich saß mit ein paar afrikanischen und algerischen Journalisten bis zum Morgengrauen im Volkspark und als ich mich auf den Weg machte, ging gerade die Sonne auf. Auf dem Müllberg saß der Verrückte und las ein Buch. Wenn in Afrika jemand lesen und schreiben kann, muss er nicht auf einem Müllberg hausen. Da es viele AnalphabetInnen gibt, kann so ein

Kundiger seinen Lebensunterhalt damit verdienen, für andere Briefe zu schreiben oder Geschriebenes aller Art vorzulesen. Ich grüßte ihn und wurde mir im selben Augenblick bewusst, dass ich ihn grüßte und anerkannte, weil er lesen konnte. Er grüßte nicht zurück, schaute mich jedoch prüfend an. Sein Blick war ohne Freundlichkeit und Wärme wie das kühle Licht eines fernen Sterns und hatte nichts, was eine Frau einladen würde, ihre Wohltätigkeitsautomatik anzuwerfen. Ich blieb zögernd stehen, wusste nicht so recht, was ich jetzt sagen sollte. Warum leben Sie im Müll? Das hätte ich ihn eigentlich gern gefragt. Und dachte an meine eigene Erkenntnis: Der Müll ist der Augenblick der Wahrheit. Er sagt mehr über Menschen aus, als die zur Schau gestellte Zivilisation, die ja auch nur existiert, solange es nicht eng wird. Nur warum auf der Müllkippe, zwischen Verwesung und Gestank leben? Was geht es mich an, dachte ich. Warum kann ich nicht einfach vorbeigehen und akzeptieren, dass da einer auf dem Müll ein Buch liest? »Was lesen Sie?«, fragte ich also. Fühlte mich dabei wie die gönnerhafte Tante Deutschland, na, was lesen Sie so? Reicht's für Flaubert oder Stendhal? Oder ist es der Koran, womit ein Klischee für mich erfüllt wäre?
Seine Reaktion kam schnell, unerwartet und schmerzhaft. Er warf mir das Buch an den Kopf und obwohl ich gern gewusst hätte, was für ein Buch es war, fing ich an zu laufen. Die Nacht war lang gewesen und ich war müde und außerdem hatte ich leider nicht den Nerv,

das Kostbare auszuhalten, nämlich zuerst einmal zu schauen, was für ein Buch er da geworfen hatte, und dann in eine Konversation einzusteigen, die nicht nach den bürgerlichen Regeln verlief. Ich blieb stehen und sah mich um. Er stand mit seinen nackten Füßen auf dürren Palmblättern und lächelte. Ich lächelte zurück und winkte. Dann musste ich lachen. Ich hatte viele arme Menschen in vielen armen Ländern gesehen, die auf entwaffnende Weise fröhlich, ja glücklich waren. Doch ich hatte noch nie einen Menschen gesehen, der so satt gelächelt hat.

Ich habe Glück oder ich habe kein Glück – das alles spielte keine Rolle. Das Genörgel der Welt war von ihm abgefallen. Er suchte keine Hilfe, er schimpfte nicht, wie so viele Verrückte, auf die Welt und die bösen Menschen, er haderte nicht mit seinem Leben. Er war einfach da. Ich trug seine Energie mit mir nach Hause. Der Wasserhahn tropfte, ich sollte vierhundert Euro Strom und Gas nachzahlen, der Zahnarzt hatte mir einen neuen Termin verpasst, die Redaktion wollte den Artikel über das Filmfest noch am selben Tag. Ich saß vor dem Berg von Post, der in Termine geordnet werden wollte, und musste über mich selbst lachen. Warum konnte ich nicht über die Post steigen wie der Verrückte über den Müll? Ich hielt inne. Ich weiß, dass das Leben ziemlich kurz ist. Ich merke es daran, dass ich erschrecke, wie viel Zeit vergangen ist, wie weit ich schon zurückblicken kann. Ich stellte mir also vor, dass ich in Zukunft unbequeme Fragen damit beantworten könnte, meine Bücher oder, ja, meinen Laptop nach den Fragenden zu werfen. Ich lachte. Und ich war glücklich. Vollkommen glückselig sogar. Ich tanzte zwischen den Welten, erfüllte Pflichten, nahm Termine wahr und die ganze Zeit saß ich auf dem Müllberg und lachte.

Glück gehabt

»Was, du willst über das Glück schreiben?«, fragt eine Freundin. »Findest du das gut, in dieser schlimmen Zeit?«

»Für wen schlimm? War die Zeit irgendwann nicht schlimm?«, frage ich zurück.

Hätte ich vielleicht beim Golfkrieg über das Glück schreiben sollen oder nach dem Unglück in Tschernobyl, bei der großen Flut oder beim Börsencrash? Gab es nicht zu allen Zeiten Mord, Totschlag, Krieg, Hungersnot? Wäre das Thema Glück während der Dürrekatastrophe in Äthiopien passend gewesen oder als Hunderttausende in dem Hutu-Tutsi-Krieg starben? Darf man überhaupt so egoistisch sein und das Glück benennen, erwarten, einladen, locken, einfordern, verwirklichen? Gibt es ein Recht auf Glück? Für wen?

Als wir in Europa unsere Zeit damit verbrachten, das Recht auf Reichtum und Erfolg auszuleben, konnten in Asien oder Afrika die Menschen vielleicht gerade einmal davon träumen, eine Wasserleitung für Trinkwasser zu bekommen. Glück ist relativ. Während es dem Igel schon reicht, im eigenen Tempo unbeschadet über eine Straße zu gelangen, braucht der Manager mindestens Erfolgszahlen, um einigermaßen glücklich zu sein. Für eine gestresste Mutter kann es ein Glück sein, wenn ihr jemand einen Tag lang ihre Kinder abnimmt, aber wer schon alle Kicks probiert hat, braucht zum Glück den zuverlässigen Dealer.

Schadest du irgendjemandem, wenn du glücklich bist? Ist Glück reaktionär? Unpolitisch? Unkorrekt? Was haben hungernde Kinder davon, wenn du depressiv wirst? Offensichtlich kannst du sie nicht allein durchfüttern. Es gibt einen Riss, eine Störung, die so tief ist, dass ein Mensch allein sie nicht beheben kann.

Die Sicherheitsanweisungen in Flugzeugen fordern: Im Notfall schnallt sich zuerst die Mutter an, dann versorgt sie die Kinder. Zuerst setzt sie sich die Sauerstoffmaske auf, dann sorgt sie dafür, dass auch Kindern oder Schwächeren geholfen wird. Das scheint mir überhaupt eine gute Idee zu sein: Sieh zu, dass du hast, was du brauchst, sorge für dich. Dann muss niemand für dich sorgen. Dann fällst du niemandem zur Last und kannst jetzt sehen, wofür deine Kraft sonst noch reicht.

Frauen verausgaben sich oft völlig. Es gehört immer noch zur Identifikation einer Frau, dass sie gebraucht wird, dass sie nützlich ist, dass sie hilft, dass sie sich aufopfert. Tut eine Frau das nicht, fällt sie aus der Rolle. Es hat Vorteile, gelegentlich aus der Rolle zu fallen, um aus der Falle zu rollen, wenn du eine Frau bist. Was kümmert's mich, wo mein Müll landet, wer ihn wegbringt? Kinder schreien? Geht mich nichts an. Ich habe wichtigere Dinge zu tun und die gehören nicht zur langweiligen kleinen Innenwelt, sondern zur wichtigen Außenwelt. Die alte Frau schafft es nicht auf die Rolltreppe? Was geht sie mich an. Sollen sich ihre Töchter um sie kümmern. Da geht eine allein erziehende Frau mit ihren Kindern vor die Hunde? Ach was. Frauen sind raffiniert. Die versucht doch nur, Mitleid zu schinden, damit sie Sozialhilfe bekommt. Das Leben kann so unkompliziert sein, wenn man nur sich selbst im Sinn hat. Hat Glück mit Egoismus zu tun? Ist das Bedürfnis nach Glück ein assoziales, egozentrisches?

Von Frauen wird erwartet, dass sie sich zum Wohle der Menschen engagieren, helfen und dienen. Frauen sollen mütterlich sein, liebevoll, selbstlos. Die Sache hat allerdings einen Haken: Wer selbstlos ist, kennt sich nicht, kann nicht lieben, kann sich selbst nicht lieben. Und das ist doch immerhin eine Erkenntnis aus dem Christentum: Liebe deinen Nächsten wie dich selbst. Wenn du dich selbst nicht liebst, fang mit dem Nächsten gar nicht erst an. Eine Frau, die zu viel gibt, bricht irgendwann zusammen und reißt oft andere mit, die sich allzu sehr auf sie verlassen haben.

Umgekehrt verströmt ein Mensch, der glücklich ist, überall Glück.

Ich habe daran gedacht, über das Unglück zu schreiben, denn es lauert überall, bietet sich an. Es wird zelebriert, wie ein Mantra beschworen und in unendlichen Erzählungen zur Dauereinrichtung veredelt. Worte rufen ihre Essenz. Sprache ist mächtig. Was gerufen wird, kommt. Und ich habe mich dafür entschieden, dass Worte nicht wie Bomben fallen sollen, sondern wie Geschenke, wie Blüten, wie warmer Sommerregen, wie Juwelen aus der Traumzeit.

Worte haben mich aufgebaut, getröstet und geheilt, mit Worten will ich ein tröstendes, heilendes Gewebe auswerfen, Netze, die aus Glück gesponnen und mit Heiterkeit vernäht sind. Ich sehe die Qualen und ich lese die Worte, die sie beschreiben und vervielfältigen, ich sehe die Taten, die aus beschriebenen Qualen neu entstehen. Was du rufst, kommt, besagt ein altes magisches Gesetz. Wir erleben es täglich, wir rufen Gewalt und Gewalt kommt. Wir lesen von Gewalt und wir fürchten uns zu Tode, anstatt zu lachen und die Gewalt damit aufzulösen.

»Na ja, du«, sagt die Freundin wieder, »kein Wunder, dass du über Glück schreibst, du hast ja immer Glück.«

Klar. Als ich geboren wurde, hatte ich zum Beispiel Glück, dass die Hebamme meinen Vater weggeschickt hatte, der unbedingt einen Jungen wollte. So musste ich sein langes Gesicht und seine Aggressionen nicht schon in der ersten Lebensminute aushalten. So viel Glück macht heiter. Ich lachte. Als Rhesus positives zweites Kind einer Rhesus negativen Mutter hatte ich zwar die ersten Jahre meines Lebens Probleme mit der Leber und fiel gelegentlich in Ohnmacht, doch zum

Glück starb ich nicht. Wir waren so arm, dass meine Mutter die letzten Tage im Monat abends immer weinte, weil sie kein Geld mehr hatte. Zum Glück hatte sie eine treue Freundin, die ihr half, das Nötigste noch zu beschaffen. Immerhin hatten meine Schwester und ich auch großes Glück, dass meine Mutter es wagte, sich von einem gewaltbereiten und sexuell übergriffigen Mann zu trennen. Die Übergriffe meines Vaters haben mich verletzt, aber nicht zerstört. Bei vielen Männern hat Gewalt in der Kindheit dazu geführt, dass sie selbst gewalttätig und sexuell übergriffig wurden. Viele Frauen wurden von ihnen vergiftet, ließen sich lähmen und wurden depressiv.
Bei der ersten und letzten Therapiestunde, die ich glaubte, machen zu müssen, erklärte mir der Therapeut, ich hätte ein Problem mit meiner Weiblichkeit. Ich war mit dem Motorrad gekommen und er hatte mich vom Fenster aus gesehen. Ich sagte ihm, dass ich ein Problem mit seiner Dummheit hätte, und ging wieder. Mit meiner Weiblichkeit hatte ich nämlich ausnahmsweise überhaupt kein Problem, eher schon mit männlichen Übergriffen. Es wäre schön gewesen, wenn der erste Therapeut, dem ich mich anvertrauen wollte, mich nicht angegriffen hätte.
Ich ließ jede Woche eine Stunde lang ein Tonband laufen und redete. Für jede Stunde legte ich achtzig Mark in eine Schachtel. Während ich redete, entdeckte ich, dass ich nicht geheilt werden will, nicht »normal« werden will. Ich wollte auch meine Gewalterfahrung nicht weg-

therapieren. Alle Erfahrungen gehören zu mir. Sie sind Teil meines Lebens, Teil meiner irdischen Persönlichkeit. Ich wollte mich mit allem, was mir widerfahren war, umarmen und mir sagen: Es ist gut. Ich verzeihe mir, dass ich Gewalt erlebte, ich kann nichts dafür. Ich liebe mich, so wie ich bin. Und das tat ich.

Ich war körperlich schwach und anfällig. Doch auch wenn mein Körper sich in dieser Welt kaum einrichten konnte, so war meine Energie zum Glück unerschöpflich. Was mein Körper nicht mitbrachte, überbrückte ich mit meiner blühenden Fantasie. Bei Gott hatte ich keine guten Karten, wie mir der Pfarrer bald zu verstehen gab, weil ich nicht anpassungsfähig und brav war. Dafür hatte die Katechetin, die den Kindergottesdienst hielt, eine wunderbar sanfte Stimme, von der ich mich jeden Sonntagvormittag in Trance sprechen ließ. Das versöhnte mich ein wenig mit dem Gott, an den ich bald nicht mehr glauben konnte. Was war mit dem los, der irgendwo da oben saß und zusah, wie die Menschen sich massakrierten, weinten und nichts zu essen hatten? Der den Menschen angeblich das Paradies nach dem Tod versprach und sie vorher nicht wirklich leben ließ!

Sobald ich die Schule verließ, zerfielen auch ihre Lehren in mir zu Staub. Die großen Religionen gaben mir so wenig wie die akademischen Wissenschaften, aber zum Glück gab es die Natur, den Wald, die Berge.

Auch die Ehe erwies sich als kein großes Vergnügen. Als ich meinem italienischen Mann das Abwaschen beibringen wollte, sagte er achselzuckend: »Die sollen abwaschen, die das schmutzige Geschirr stört. Mich stört's nicht.«

Bald störte er mich noch mehr als das schmutzige Geschirr. Ich verließ ihn schon nach einem Jahr, doch was ich mir immer gewünscht hatte, war eingetreten: Ich war mit meiner Tochter schwanger.

Was auch ein Albtraum hätte werden können, erwies sich als Glück: Der Kreißsaal der kleinen Privatklinik war mit stöhnenden Frauen besetzt. Bei mir waren keine Komplikation zu erwarten und so wurde ich ins Nachtdienstzimmer des Arztes geschickt, wo ich mit fünf Freundinnen redete und lachte. »Welche von euch ist denn der Vater?«, fragte die Nachtschwester.

Die Hebamme, die überbeschäftigt war, riet mir, Treppen zu steigen, damit die Geburt leichter vonstatten gehen würde. Ich schickte die Freundinnen nach Hause, stieg die Treppen hinauf und hinunter und gebar schließlich ohne weitere Schwierigkeiten meine Tochter auf dem Sofa des Dienst habenden Arztes, was der Hausgeburt, die ich eigentlich gewollt und die ich mangels Hebamme nicht hatte machen können, ziemlich nahe kam.

Ich war allein erziehend und wir hatten kaum Geld. Aber zum Glück brauchte ich kaum welches, denn das Schönste im Leben war schon immer kostenlos: Vollmondnächte, Liebesrausch, lange Gespräche mit Freundinnen und Freunden, singen, barfuß laufen, nackt in einem See baden, träumen …

Ich beschloss, die Natur zu schonen und nicht mehr Auto zu fahren. Zum Dank dafür wurde ich von einem Auto überfahren! Der schwere Unfall brachte mich beinahe um, aber das Glück wollte es, dass ein Chirurg zufällig am Unfallort war, der das Schlimmste verhinderte. Scheinbar eine Katastrophe, wurde der Unfall zum Einstieg in meine schamanischen Heilkräfte, die man erst finden und erproben kann, wenn sie gebraucht werden.

In der Nacht träumte ich, dass ich eine feuchte, kalte Kellertreppe hinunterstieg. Unten in einem Gewölbe stand ein steinerner langer Tisch. Zwei riesige Männer standen mit Eisenhämmern zu beiden Seiten des Tisches. Ich legte mich auf den Tisch. Abwechselnd schlugen sie ihre Hämmer auf meinen Körper. Dann schwebte ich über der Szene. Grünes Moos schimmerte an den Wänden. Mein Körper war ganz flach geschlagen und ich sah, dass er aus Goldblech bestand und matt schimmerte. Ich wachte auf und wusste, dass ich vollständig heilen würde. Und ich hatte Glück, denn mein Körper wurde geschmeidiger und beweglicher, als er es zuvor gewesen war. Na ja, ich trainierte ihn auch, ich spielte mit ihm, ich tanzte unter den Sternen, ich sang und verbündete mich, nährte mich an Zauberfeuern und dem Tau in den Bergen. Ich träumte mich zu meinen Heilkräften – ein billiges und zugleich kostbares Vergnügen.

Und ich entschied mich in meinem Leben für den einzig wahren Luxus: Zeit und Raum. Dafür verzichte

ich auf Statussymbole, die mich zwingen würden, mehr Geld zu verdienen. Zeit und Raum sind für mich die Voraussetzung, in die Schichten der Traumzeit zu sinken und mit den Wesen der Traumzeit in Verbindung zu sein.
Das Glück, das ich einmal empfand, wenn ich anerkannt und gelobt wurde, sehe ich heute darin, dass ich begriffen habe, warum ich es brauchte. Mir wurde Schmerz zugefügt und ich verstand, dass es nicht meine Schuld war, dass ich nichts dafür konnte. Ich blieb mit hauchdünnen Fäden immer mit dem Universum verbunden, aus dem ich gekommen war, und diese Fäden wurden im Lauf des Lebens stark und tragfähig. Auch das empfinde ich als Glück.
In meinem Bauch begann ein Tumor zu wachsen. Meine Freundin, die Ärztin, riet mir dringend zur Operation, da es mir nicht gelingen wollte, ihn schrumpfen zu lassen. Da er erst nach Eintreten der Menopause gewachsen war, lag die Vermutung nahe, dass es sich um Krebs handelt. Ich machte eine interessante Erfahrung: Wenn Menschen über schwere Krankheiten sprechen, dann suchen sie sofort unruhig nach einer Begründung, nach Schuld, nach Versagen. Die meisten bieten – bewusst oder unbewusst – Ratschläge und Heilmethoden unter der Voraussetzung an, dass das eigene »Fehlverhalten« eingestanden wird. Ich sehe zwar auch Gründe, die zu Krankheiten führen, schätze sie allerdings anders ein: Was ist, ist. Shit happens.

Wesentlich wichtiger ist, ob ich mir durch eine Diagnose die Atemluft rauben, den Lebensmut auslöschen lasse und ob ich mir die Schuld für etwas gebe, was in dieser Welt von Schmerz und Zerstörung ständig geschieht und deshalb auch mir geschehen kann. Wer sagt schon zu einem kranken Baum: Das hast du jetzt davon, dass du dich an diese stinkende Straße stellen musstest. Du bist einfach noch nicht so weit.

Das Wort Krebs verlor seinen Schrecken für mich. Ich spielte damit, scherzte über die möglichen Folgen und fühlte mich plötzlich auch vom schlimmsten Fluch erlöst: Mit dem Tod, mit einer schlimmen Krankheit kann ich nicht mehr erschreckt und von meiner Kraft entfernt werden.

Ich entschied mich fürs Glück: Ich ging nach Paris zum Tanzen. Ich bin entschlossen, das Leiden da aufzulösen, wo es mich überrascht, und ihm da aus dem Weg zu gehen, wo ich mich entscheiden kann. Auch dem Wortgemetzel weiche ich aus. Ich habe entdeckt, dass Worte, die mich vor zehn Jahren in Panik versetzten, die meinen Blutdruck hochtrieben, meinen Magen säuerten und mir Bauchkrämpfe verursachten, heute auf mich keine Wirkung mehr haben. Ich habe mich fürs Glück entschieden und dabei eine interessante Entdeckung gemacht: Weil ich dem Glück treu bin, bleibt es mir treu. Ich habe mir verziehen, dass ich sterblich bin. Zu meinem Tag gehört die Nacht, zum Körper der Schatten, zur lebendigen Freude das Loslassen. Dem Glück steht nichts mehr im Weg.

So ein Pech

Als ich meinen ersten Roman fertig geschrieben hatte, glaubte ich, den großen Wurf gelandet zu haben. Ich steckte die losen Blätter in einen großen Umschlag, fuhr mit der Straßenbahn zu meiner Arbeit in einer Redaktion – und vergaß den Umschlag. Obwohl ich den Verlust sofort bemerkte und den ganzen Tag dem Manuskript hinterhertelefonierte, bekam ich es nicht wieder. Eine Welt brach für mich zusammen. Mein genialer Roman!

In der Redaktion erschien eine alte Dame. Sie hieß Joe Lederer und hatte das Buch »Unter den Apfelbäumen« geschrieben. Sie bekam die Aufregung mit und fragte mich, was denn passiert sei. Ich erzählte ihr ausführlich von meinem Unglück. Sie nickte. Genau dasselbe sei ihr auch passiert. Sie habe ihr erstes Manuskript einer Freundin zum Lesen gegeben, die es verloren habe. Zuerst sei sie unglücklich gewesen, dann habe sie sich jedoch hingesetzt und wieder zu schreiben angefangen. Jetzt sei sie froh, dass das Manuskript ver-

loren gegangen war. »Das weiß man nicht sofort, dass es ein Glück sein kann, wenn das erste Werk verschwindet«, lächelte sie.
Ich fand zwar, dass das auf meinen Roman nicht zutreffen konnte, war aber irgendwie getröstet.
Wenn ich heute an die Geschichte denke, muss ich so lächeln, wie damals Joe Lederer. Es war ein Glück, ein großes Glück sogar, dass dieses Manuskript so elegant aus meinem Leben verschwunden ist. Und tatsächlich spornte mich der Verlust an, etwas Neues zu schreiben. Ich schrieb allerdings keinen Roman. Und das war gut so.
Die alte Bäuerin war schon ziemlich hinfällig. Am Morgen ging sie mit der einzigen Kuh, die noch lebte, hinaus auf die Weide. Die Kuh konnte nicht mehr so schnell laufen und das war der Liesl gerade recht. Sie stützte sich hinten auf die Kuh und so machten sich die beiden auf den Weg. Gelegentlich blieben sie ein wenig stehen und schauten sich die Gegend an, die sie nun schon so lange kannten. Die Liesl, dem Tod schon näher als dem Leben, gewann den kleinen Dingen des Lebens jetzt mehr ab als Besitz und Reichtum. Reich war sie zwar, doch bei Bauern zählt Haus, Hof und Grundbesitz nicht als Reichtum. »Das ist halt das Sach', das man hat.« Erbschleicher gab es dennoch genug. Sie brachten Kuchen und kochten Kaffee. Sie saßen bei der alten Bäuerin und raspelten Süßholz.
Am Ende brachte das alles nichts und nur einer ihrer alten Mieter hatte Glück: Ihm vermachte die Liesl ein

kleines Haus. Und obwohl er sich nichts mehr gewünscht hatte, fing er nun an, sich zu beklagen, wie problematisch so eine Erbschaft sei und wie teuer. Woher er nun das Geld für die Erbschaftssteuer nehmen sollte und ob sich alle wohl vorstellen könnten, was für Sorgen da auf ihn zukämen. So ein Pech!

Wer nun glaubt, so eine paradoxe Haltung sei selten, irrt sich. Vielmehr kommt es sehr oft vor, dass Menschen etwas geschenkt bekommen und sofort darüber klagen, wie schwer die Bürde sei. Da hat etwa Volker Schlöndorff von Max Frisch, dessen Buch »Homo faber« Schlöndorff verfilmte, als der Schriftsteller im Sterben lag, dessen alten Jaguar geschenkt bekommen und beklagte sich sogleich, dass das ein kompliziertes Geschenk sei, das mehr Ärger als Freude mache.

Eine Frau aus meinem Bekanntenkreis erbte einige Häuser im Osten und hat seither kaum noch ein anderes Thema als die »geldgierigen Miterben«, »die ruinösen Steuern« und ganz allgemein die Last von Erbschaften. Das Thema ist nicht neu. Karl Valentin hat es einmal im Sketch »Der Theaterbesuch« aufgegriffen. Ein Ehepaar bekommt zwei Theaterkarten geschenkt und nun fangen die Schwierigkeiten an. Wie kommt jetzt der Sohn an sein Abendessen, wenn die Eltern nicht da sind? Was zieht man an? Was muss alles noch erledigt werden? Am Ende sagt der Mann, er habe immer schon gewusst, dass die Leute, die ihnen die Karten geschenkt haben, sie nicht leiden könnten.

Also wer etwas bekommt, ist der Dumme. Man könnte es fast glauben. Wo an Geld und Besitz kein Mangel herrscht, hört man die meisten Klagen. Ein Freund jammerte mir einmal vor, er habe kein Geld und wisse eigentlich gar nicht, wovon er leben solle. Ich war überrascht. Er kam aus wohlhabendem Haus und lebte in einer sehr luxuriösen Wohnung. Aber da er gerade aus Afrika zurückgekommen war, nahm ich seine Sorgen wörtlich. Ich holte hundert Mark aus meinem Geldbeutel und sagte: »Mehr habe ich nicht, aber die kannst du gern haben.« Dass er in schallendes Gelächter ausbrach, verstand ich erst, als er mir erklärte, so wörtlich sei das nicht gemeint gewesen. Er habe noch etwa hunderttausend Mark Festgeld, er komme nur nicht ohne Zinsverluste an das Geld heran. Ich war wirklich erstaunt. Kein Geld heißt für mich kein Geld. Also nichts. Kein Festgeld, keine Aktien, kein Bargeld. Es scheint allerdings so zu sein, dass die Sorgen mit dem Besitz wachsen. Kein Geld ist für jemanden, der ein Haus hat, vielleicht tatsächlich schon eine so kleine Summe, die für ein neues Dach nicht reichen würde.

Wer viel Geld hat, hat auch gleich Interessenten um sich, die sich um die »Vermehrung« des Geldes kümmern wollen – ihres eigenen Geldes natürlich. Als mein Vater starb und etwas Geld hinterließ, war ich überrascht, wie viele Verwandte sich bei mir meldeten, die sich keineswegs bei meiner Mutter gemeldet hatten, als sie bettelarm zwei kleine Kinder hatte durchbringen müssen. Wo »etwas zu holen« ist, strömen potenzielle Nutznießer herbei. Kaum ist der Reichtum jedoch in festen Händen, scheint er schlecht zu werden und das Pech anzuziehen.

Vielleicht ist das ja nur ein magischer Trick, um den Neid abzuhalten. Denn es gehört zu den ältesten Künsten, den Neid der Götter zu vermeiden. Wer Glück haben will, darf auf keinen Fall sagen, was sie oder ihn glücklich macht, denn das könnte die Götter, die Geister oder die Kobolde auf dumme Gedanken bringen. Sie könnten dann Lust bekommen, die Belastbarkeit eines solchen schwachen Menschleins testen zu wollen. So rief man in Süditalien früher bei jeder Geburt aus, wie hässlich das Kind sei, damit die Götter nicht neidisch auf die Schönheit und Lieblichkeit des Kindes werden und etwa Unglück über das Neugeborene bringen. Fremde sollten in Bayern kleine Kinder nicht zu Gesicht bekommen, damit sie ihnen nichts »wegschauen«.

Wer etwas Schönes besitzt, macht es kleiner, hässlicher und unbedeutender, damit nicht jemand auf die Idee kommt, es stehlen zu wollen. So sagen fast alle Menschen, deren Pullover oder Schuhe oder sonstige schöne neue Kleidungsstücke man lobt, »ach, das habe ich schon ganz lang« oder »das war ganz billig« oder »das ist uralt«. Das ist, auch wenn es den betreffenden Personen nicht bewusst ist, eine apotropäische, also eine geisterabwehrende Maßnahme. Nicht auffallen. Nicht den Neid erregen. Nicht strahlend und glänzend dastehen und plötzlich die Aufmerksamkeit aller anderen auf sich ziehen.

Eine Autorin, die unerwartet einen Bestseller landete, beeilte sich, nun monatelang über die Schwierigkeiten zu referieren, die mit der Medienaufmerksamkeit in ihr Leben gekommen waren. Und von dem Geld sei ihr gar nicht so viel geblieben, denn das Finanzamt habe sich gleich einen Batzen geholt. Oder nehmen wir Lady Di – eine vom Glück begünstigte junge Frau, die in einer Traumhochzeit zum Medienstar par excellence avanciert war. Hörten wir einmal von ihr, wie schön es ist, reich zu sein, sich alles kaufen zu können, Liebhaber zu haben und ein sorgloses Leben zu führen? Nein. Ihr Leben war Mühsal, Tränen, Kummer. Freilich wollte manche Fabrikarbeiterin, manche Arbeitslose, manche Frau ohne Chancen mit ihr teilen. Doch diese Frauen wussten nicht, dass Leiden nicht vergleichbar ist. Was sie für Glück hielten, war für die Prinzessin Qual. Was nützte es ihr zu wissen, dass es anderen Frauen noch schlechter ging als ihr? Das eigene Unglück ist der Maßstab. Der Hunger der anderen ist abstrakt.

Wenn Frauen sich über die Artikel in der Regenbogenpresse unterhalten, dann mündet das fast immer in die abschließende befriedigte Bemerkung: Glücklich sind die auch nicht. Und warum sollten sie auch glücklich sein, die Adeligen, die Popstars, die Reichen dieser Welt? Was ist daran beglückend, morgens mit verquollenen Augen aus dem Haus zu gehen, wie irgendwann einmal Madonna oder auch Lady Di, von hundert Fotografen angefallen zu werden und am nächsten Tag in der Zeitung zu lesen, wie verwahrlost man aussehe? Glück hat nichts mit Berühmtheit zu tun. »Berühmtheit ist abstrakt«, sagt Jack Nickolson, »man fühlt sie nicht, man schmeckt sie nicht, aber ständig wird man belästigt.«

Na ja, berühmte Menschen verdienen ihren Lebensunterhalt mit ihrem Ruhm und die meisten Promis sind nur berühmt geworden, weil sie den Klatschreportern der Zeitungen ihre Termine durchgaben, um sich dann zu beklagen, dass sie ständig von der Presse belästigt würden, erzählte mir eine Klatschreporterin. Prominent sein ist ein harter Job, ständig muss ein Ereignis her, das ein Foto oder einen kleinen Artikel rechtfertigt. Bleiben die Medien aus, kommt das einem Absturz gleich. Wo soll da Glück entstehen?

Glück hat nichts mit Geld zu tun, nichts mit Reichtum, ganz offensichtlich, denn Glückliche wollen überfließen, sich mitteilen, wollen andere teilhaben lassen. Doch die Superreichen dieser Welt haben nur einen Gedanken, sich zu schützen, sich abzuschotten und ihr Geld so zu verstecken, dass niemand es findet.

Der Prototyp des paranoiden Reichen, der niemals glücklich wird, ist Dagobert Duck. Aber auch Bill Gates, der Gründer der Computersoftwarefirma Microsoft, eifert ihm auf eindrucksvolle Weise nach. Wo Geld ist, scheint also eher das Pech zu Hause zu sein.

Die Jagd nach Geld, Ruhm und Glanz ist wohl auch nur ein Ersatz für das satte Glück, das es nirgendwo zu kaufen gibt, das einfach wäre und doch selten genug erreicht wird.

Eher trifft man den Mangel an Glück. Ich fuhr mit dem Fahrrad am ersten Schultag an einer Familie vorbei, Vater, Mutter und der Schulanfänger mit Schultüte und Sonnenblume in der Hand. Tränen flossen. »Papa muss ganz schnell weg«, sagte die Mutter nervös. Papa hätte sich nur einmal an seine Kindheit erinnern müssen, an den schmerzhaften Mangel von Aufmerksamkeit, Zuneigung und Zuwendung oder an das Glück, all das zu haben. Er hätte gewusst, dass es im Leben Situationen gibt, in denen Weichen gestellt werden. In zwanzig Jahren wird der Vater sich nicht mehr erinnern, dass er seinen Jungen in einem Augenblick allein gelassen hatte, in dem die Anwesenheit des Vaters das größte Glück für das Kind gewesen wäre. Er wird dann wohl nicht einmal mehr wissen, was so wichtig war, außer natürlich, dass alles im Leben eines erfolgreichen Mannes wichtig ist, was mit Arbeit und Karriere zu tun hat, und unwichtig, was mit der Familie zu tun hat. Der Junge wird sich immer erinnern.

Glück liegt im Auge des Betrachters. Ich wohnte viele Jahre lang an einem der schönsten Orte der Welt. Als ich ihn erst von kurzen Ausflügen kannte, wünschte ich mir nichts sehnlicher, als dort zu leben. Ich bekam eine Wohnung angeboten und mein Glück kannte

schier keine Grenzen. Doch je länger ich dort lebte, umso unruhiger wurde ich. War das Wetter schön, dann entstand morgens die paradoxe Situation, dass ich mich freute, um sofort zu stöhnen: »Gleich kommen dann die Autos!« Sie kamen, parkten überall, verströmten ihre Auspuffgase und aus ihnen quollen Erholungsuchende, die oft ungeduldig und schlecht gelaunt stritten und ihren Müll überall hinwarfen. Als ich wieder in die Stadt zog, schüttelten meine Freundinnen die Köpfe. Wie konnte ich nur! Aber wenn ich bei offenem Fenster in meinem Bett liege, höre ich in der grünen Wildnis meines Hinterhofs keine Autos und das leise Grundrauschen der Stadt stört mich schon lange nicht mehr.
Nicht immer weiß man, was Glück bringen wird. Schon vor den schrecklichen Ereignissen am 11. September 2001 hatte ich einen Flug nach New York gebucht, einen Monat später, am 11. Oktober, über Paris. Ich hatte nur Handgepäck. Der amerikanische Sicherheitsbeamte, der alle Passagiere nach New York überprüfte, fand diese Tatsache mehr als verdächtig: Ich sollte mich vor zwei Beamtinnen nackt ausziehen. Ich sagte, das würde ich sicher nicht tun, eher würde ich nicht in die USA fliegen. »Dann fliegen Sie eben nicht«, sagte der Polizist. Und das tat ich. Ich war wütend und beschloss, den nächstmöglichen Flug in ein Land zu nehmen, das von mir kein Visum forderte. Air Maroc brachte mich nach Casablanca. Im halb leeren Flugzeug entspannte ich mich, begann, diese un-

vorhergesehene Reise zu genießen, und wurde, wie alle anderen wenigen Gäste, von der Stewardess liebevoll umsorgt. Von Casablanca reiste ich nach Rabat und Fes, wo ich die einzige Besucherin des Riad Fes, eines privaten Palasthotels, war und unbeschreiblich verwöhnt wurde. Aus Demütigung, Stress und Ärger, also Pech, wurde die glücklichste Reise.

Je nahtloser Glück geplant werden soll, umso mehr neigt es dazu, sich zu verweigern. Dagegen gerät oft eine misslungene Situation durchaus zum Glücksfall. In Rabat erzählte mir zum Beispiel eine junge Frau von ihrer Schwester, die beim Anschlag auf die Türme in New York gestorben war, weil sie illegal für eine Reinigungsfirma gearbeitet hatte. Sie selbst war drei Monate dort gewesen mit einem Besuchervisum, das der in den USA lebende Bruder erwirkt hatte. Am Ende der legalen Besuchszeit musste sie sich entscheiden, entweder wie ihre Schwester eine illegale Tätigkeit zu beginnen oder nach Hause zu fahren. Was ihr die Schwester riet und ihr in dem Augenblick wie das größte Unglück erschienen war, nämlich nach Hause zurückzukehren, wurde ihre Rettung und das Glück ihrer Mutter.

Das Glück hat Sinn

Eine Frau ging auf der Maximilianstraße in München an mir vorüber. Sie war in den Hauch eines Dufts gehüllt, der eine tiefe Erinnerung in mir weckte. Ich stand wieder in der Küche meiner Großmutter am Fenster, wo sich meine Tante vor einem kleinen Spiegel zurechtmachte, um mit einem Freund in den Salzburger Pitterkeller zu gehen. Sie sprühte Parfüm an ihren Hals und etwas davon sank zu mir herab und versetzte mich in einen Glücksrausch. Was für ein Duft! Erwachsen werden! In den Pitterkeller gehen! Ich träumte in ihrem Zimmer, während ich immer wieder eine Schallplatte spielte, die »Melancholie« hieß. Die Frau, die gerade an mir vorbeigegangen war, roch wie meine Tante damals. Ich folgte ihr. Meine Nase heftete sich an diesen Geruch, der ein Gewebe von Erinnerung, Glücksgefühlen, Sehnsucht und Wehmut war. Ich bemerkte kaum, dass die Frau sich unruhig umsah, aber irgendwann wurde mir klar, dass sie sich von mir bedroht fühlte. Ich sprach sie an und

erzählte ihr von den Erinnerungen, die ihr Parfüm bei mir auslöste. Ich war so sehr bemüht, die Bedrohlichkeit aufzulösen und mich schnell zu verabschieden, dass ich vergaß, sie nach dem Namen des Parfüms zu fragen.
Aber ich vergaß nie den Duft und die unglaubliche Wirkung, die er auf mich hatte. Vielleicht wurde mir in diesem Augenblick die Macht der Sinne und der Zusammenhang zwischen Sinnlichkeit und Glück bewusst.
Die Forscher erzählen uns neuerdings, dass man Glück essen kann, zum Beispiel in Form von Schokolade. Xocolatl war schon der Glücksstoff der frühen Kulturen Südamerikas und seit dem Film »Chocolat« wissen auch jene, die sich nicht für Frühgeschichte interessieren, dass Schokolade ein Glücksstoff ist. Aber wie es für unsere Zivilisation so typisch ist, wird das Köstliche mit dem Bitteren vermischt. Im Fall von Schokolade ist es sogar umgekehrt. Während Kakao und die Bitterstoffe darin glücklich machen und sogar höchst gesund sind, verderben Zucker und Milch, eigentlich sanfte, leckere Zutaten, den Brei und verhindern das Glück. Fett und Zucker sind Suchtstoffe. Die natürlichen Glücksstoffe werden mit Suchtstoffen vermischt. Die Industrie will uns nicht glücklich, sondern süchtig, denn nur an der Sucht wird kräftig verdient. Glückliche Menschen sind halt meistens auch nicht konsumsüchtig. Doch bei den meisten funktioniert's ja. Die Lebensbedingungen werden als

so mies empfunden, dass man dringend Ausgleich braucht, also zum Beispiel Alkohol, Zigaretten, Drogen, Zucker. Und da Zucker im Körper vergoren wird, gehen die Mediziner heute ohnehin davon aus, dass Zuckersucht eine verkappte Alkoholsucht ist. Aus dem Glück wird Frust oder Sucht. Zum Beispiel beim Lernen. Der Mensch ist so gebaut, dass Lernprozesse freudvoll sind. Wer kennt nicht den köstlichen Augenblick, wenn etwas, was bis dahin undurchdringlich und unverständlich war, wie ein Groschen fällt und das Aha Erlebnis auslöst. Ich habe eine ältere Schwester und sie ging schon in die Schule, als Zahlen und Buchstaben für mich die großen Rätsel der Menschheit waren. Unbedingt wollte ich lesen lernen. Ich stellte mir die Schule als wunderbare Einrichtung vor, wo rätselhafte, geheimnisvolle wunderbare Dinge enthüllt wurden. Als ich dann mit der rauen Wirklichkeit konfrontiert wurde, mit einer harten Bank und dem Geruch von Panik in der Luft, wäre ich am liebsten weggelaufen. Doch ich verbrachte viele Jahre damit, meine Lust auf Wissen diesem merkwürdigen Modell von Wissensvermittlung anzupassen. Denn Wissen wurde nicht mit Glücksgefühlen und Lustgefühlen erworben, sondern mit Angst und Schrecken. Wer was falsch macht, wird vor der Klasse bloßgestellt, blamiert. Es ging nicht so sehr darum, etwas zu lernen, sondern darum, die Schwachstellen zu entdecken und hämisch breitzutreten. Lernen war Angst. Erst viel später lernte ich die Wonnen der Forschung kennen, die Besessenheit, in einer Bibliothek Tage und Wochen zu verbringen und so lange zu lesen, zu blättern, zu suchen, zu kopieren, bis ein Rätsel sich unter Wellen von Glücksgefühlen löste. Ach so! Ach deshalb! Genau! Jetzt fällt alles an seinen Platz!

Was haben Angst, Frust und Lernprozesse mit Schokolade zu tun? Die westliche Zivilisation hat Köstlichkeiten sehr bald mit Zerstörung und Schmerz gekoppelt. Warum das so ist, muss spekulativ bleiben. Meine Theorie ist, dass die großen Religionen genau wie die großen globalen Unternehmen es nicht aushalten, wenn Menschen glücklich sind, denn glückliche Menschen kann man nicht ausbeuten. Einem glücklichen Menschen ohne Angst kann man nicht drohen. Einem Menschen, der sein Glück gefunden hat, kann man nichts wegnehmen und auch nicht das Blaue vom Himmel versprechen. Um Menschen zu beherrschen, muss man sie abhängig machen, unglücklich, Not leidend. Alles, was man ihnen gibt, muss unter dem Vorzeichen des Mangels stehen. Du könntest alles verlieren, versichere dich. Du könntest arm sein, geh lieber bei mir zehn Stunden täglich für einen Hungerlohn arbeiten. Du könntest krank und hilflos werden, heirate vorsichtshalber, damit du versorgt bist … »Wir haben eine Lösung für Sie« wird zum Synonym für: Wir hätten gern Ihr Geld.

Dass alle diese Konzepte genau nicht funktionieren, wenn's eng wird, wissen wir heute. Was allerdings leider sehr gut funktioniert, ist die Zuckerbrot-und-Peitsche-Schaukel, ist die Abhängigkeit, die Sucht, die Sehnsucht, das Unglück. Um bei der Schokolade zu bleiben: Schokolade, die Substanz aus der Kakaobohne, enthält Stoffe, die für den Körper so wichtig, so nährend und so köstlich sind, dass er mit Glücksgefühlen darauf reagiert. Ich könnte auch sagen, sobald die Stoffe des Kakaos in das Körperuniversum eintreten, befreunden sie sich mit den Ureinwohnern der Körper, den Hormonen, und diese richten ein großes Fest aus, um die SchokoladenbesucherInnen willkommen zu heißen. So weit, so köstlich. Nun besteht die Schokolade, wie wir gesehen haben, nicht aus Kakaosubstanz allein. Irgendwann muss ein Schokolade verarbeitender Mensch bemerkt haben, dass mehr Schokolade gekauft und gegessen wird, wenn der Suchtstoff Zucker hinzugefügt wird. Zucker ist chemisch rein, enthält keinen Nährwert und kann zwar kurzzeitig dem Körper Brennstoff geben, danach fällt der Stoffwechsel allerdings umso tiefer ab. Also sehnen wir uns nach mehr Energie, brauchen sie schneller. Werden abhängig. Schokolade kommt jetzt zwar als Glückssubstanz in den Körper, wird aber von der Zuckerkontrollinstanz sofort in einen Zusammenhang gestellt. Nicht »ah, ich bin glücklich« ist jetzt die Botschaft, sondern »wenn ich doch mehr hätte«. Noch während Schokolade genossen wird, reicht der Kick nicht aus, muss die Sehnsucht nach mehr entstehen. Suchtstoffe sind die Armeen der Zivilisation gegen das Glück. Ob sie in Zigaretten, in Alkohol, in Nahrung oder sogar in Träume eingewebt werden, ob sie Menschen dazu bringen, Lotto zu spielen, Versicherungen abzuschließen oder unkontrolliert zu fressen, zu saufen oder zu rauchen, sie bewirken immer eins: Sie entfernen die Süchtiggewordenen vom Glück, weil auf jede Frage nur eine Antwort kommt: Mehr. Es ist nicht genug.

Suchtstoffe wirken auf die feinen Anlegestellen im Körper, die entwickelt wurden, um feinstoffliche Düfte und Stoffe wahrzunehmen und sie fantasievoll in die poetische Sprache des Körperuniversums zu übersetzen, mit ihnen zu spielen und aus ihnen neue, wundervolle Wirklichkeiten zu erschaffen. Das Göttliche schläft im Stein, atmet in der Pflanze, träumt im Tier und erwacht im Menschen – so lautet ein tibetisches Sprichwort. Es beschreibt das komplexe Universum göttlicher Kräfte, die miteinander in Verbindung treten, wirken, sich entfalten können. Die Götter der Zivilisation schlafen im Büro, atmen im Krankenhaus, träumen in der Kneipe und wachen auf in der Stunde des Todes. Die Suchtstruktur kontrolliert das Denken, Fühlen und Handeln der meisten Menschen in der weißen zivilisierten Welt. Wer das nicht glaubt, kann ja mal spielerisch versuchen, das abzubauen, was scheinbar nicht einer Suchtstruktur unterliegt und das geht von Suchtnahrung über Zigaretten und Alkohol, natürlich auch über Drogen, bis zum übersteigerten Bedürfnis nach Konsum, Urlaub oder Sicherheit. Wer würde die Rentenabsicherung ganz aufkündigen wollen? Wer würde die Krankenversicherung fallen lassen? Aber wer wird noch profitieren von den Beiträgen, die in diese Versicherungen fließen? Die bittere Reaktion, dass alle Politiker als Abzocker bezeichnet werden, hilft da auch nicht weiter. Und wenn es so ist – was behebt denn den Mangel des Herzens? Wo ist denn das Glück zu Hause? Kann man es denn noch finden, auch wenn das Geld hinten und vorn nicht reicht?

Sich aus der Suchtstruktur behutsam herauszulösen heißt zuerst, die eigene Kraft nähren, ungewöhnliche Wege zu gehen, das Klischee mit den Klischeebedrohungen zu verlassen. Heißt, nicht mehr alles zu glauben und sich auch nicht damit aufzuhalten, über Lügen und Betrug zu klagen.

In meiner Kindheit gab es einen Garten, einen Park eigentlich, der von einer Mauer umgeben war und uns Kinder magisch anzog. Was war in diesem Garten? Wer lebte da wohl? Er lag am Rande des kleinen Orts, in dem wir lebten, hinter dem Garten begann der Wald. Wir umschlichen ihn, saßen an seiner Mauer und träumten und spannen. Aber wir wagten es nicht, über die Mauer zu steigen, weil es da dieses Schild gab: Vorsicht Legbüchsen. Wir hatten natürlich keine Ahnung, was diese mythischen Dinger sein sollten. Eine Zeit lang begnügten wir uns damit, dass wir eben nicht in den Garten einsteigen konnten, weil es verboten war, und dass es wunderschön war, von dem

Garten zu träumen und sich vorzustellen, wie er wohl aussah, was es da wohl an Pflanzen und Wunder so gab.

»Büchsen sind Minen«, sagte meine Oma. »Geht ja nicht hinein.«

»Das ist doch sicher ungesetzlich, in einem Garten Minen auszulegen«, gab meine Mutter zu bedenken. »Wir sind doch nicht im Krieg!«

Meine Schwester, ihre Freundin und ich gingen wieder hinauf zum Garten. Diesmal wollten wir das Geheimnis lüften. Legbüchsen, pah, das Schild war auch schon ziemlich verrostet. Außerdem gab es da nie einen Hausmeister oder andere ekelhafte Kerle, die einen vertreiben wollten. Wir stiegen ein. Dieser Entschluss sollte für mein ganzes Leben prägend werden. Was wir fanden, übertraf unsere kühnsten Träume.

Mitten in einem wild wuchernden Blütengarten, der verlassen schien, lag ein steinernes Schwimmbecken mit Seerosen. Der Duft von Phlox lag über dem Garten. Gelbe Lilien wuchsen an der Treppe des Beckens. Von irgendwo zog ein Hauch von Pfefferminze herüber. Es gab sonnenwarme Himbeeren, die wir vom Strauch aßen. Wir waren still vor Bezauberung. Wir zogen uns aus und stiegen ins Wasser. Nackt. Feierlich. Nicht so wie in den Badesee, kreischend, lachend. Wir zelebrierten die Entdeckung des Gartens. Wir sogen die Köstlichkeit dieses geheimen Ortes in uns ein. Wir lagen im Wasser und ließen uns zwischen den Seerosen treiben. Ich wurde mir zum ersten Mal

meines Körpers bewusst, denn noch nie hatte ich seit meiner frühesten Kindheit irgendwo nackt gebadet, außer in der Badewanne zu Hause. Dieses Erlebnis des unerlaubten Einsteigens in ein Paradies, verbunden mit der intensiven Schönheit der Natur, den Düften, der Sonnenwärme, dem wohligen Körpergefühl und dem Triumph, den wir drei verspürten, wurde zum Code für mein Leben. Manchmal muss man Verbote übertreten, weil sie die lebendige Kraft blockieren. Es ist gut, sich mit der Natur zu verbünden und die Gesetze der Natur zu kennen. Sie sind wichtiger als die Gesetze der Menschen. Wenn du sie verstehst, kannst du überall leben.
Es gibt den Garten noch. Wenn ich meine Mutter besuche, radle ich manchmal an der Mauer vorbei. Mittlerweile wurden darin zwei hässliche Häuser gebaut. Eigentlich gab es den Garten nur, damit ich aufwachen konnte. Und wenn ich ihn heute sehe, wenn ich das Mauerwerk berühre, weiß ich, dass es keine Rolle spielt, was heute darin ist. Denn der Garten ist auf einer anderen Realitätsebene für immer ins Gedächtnis der Welt gezeichnet. Er wird immer mein Glückssymbol sein. Er weckt die Erinnerung an die süße Wärme der Himbeeren, den zarten Duft der Blumen und Kräuter, das weiche Wasser, die überirdisch rosaroten Seerosen. Aus diesem Erlebnis wurde keine Sucht. Ich träumte keineswegs davon, über alle Mauern zu steigen und immer Himbeeren zu essen. Ich bewahrte diese Glückserfahrung wie eine pulsierende Kraft, die

mich stärkt, wenn ich traurig bin, die mich ermutigt, das Glück zu sehen.
Manchmal gibt es einen Duft, einen Geschmack, eine Musik, die dieses Erlebnis wieder aufleben lassen. In Ouarzazate, einer marokkanischen Stadt am Rand der Wüste, ging ich einmal zur alten Burg etwas außerhalb der geschäftigen kleinen Stadt. Eine Mauer versperrte mir den Weg. Fasziniert ging ich an der Mauer entlang, fand ein Loch und schlüpfte durch. Auf dem sandigen Boden lag Müll verstreut. In der Mitte des »Gartens« stand ein kleiner Pavillon. Ich hob einen Stein auf, polierte ihn ein wenig und dachte an den Zaubergarten. Dann erst sah ich die alte Frau, die in einem dunklen Winkel des Pavillons kauerte. Ich grüßte sie. Hier war einmal ein Garten, sagte sie. Und ich wusste, dass wir den gleichen Traum träumten.

Dem Glück auf die Sprünge helfen

Es gibt wenige Erkenntnisse, die zu allen Zeiten und in allen Kulturen gleich sind, vielleicht gibt es sogar nur diese eine: Ohne Glück kann der Tüchtigste scheitern. Ohne Glück kann ein erfolgreicher Unternehmer Pleite gehen, eine wohlhabende Familie morgen auf der Straße stehen. Ohne Glück bekommt die gut ausgebildete junge Frau keine Arbeit und der reiche Erbe keinen Frieden. Was also ist Glück?

Die englische Sprache, die ja schon den Geist wesentlich differenzierter sieht als die deutsche und mit *spirit*, *soul* und *mind* die verschiedenen Zuständigkeiten des Geistes beschreibt, teilt das Glück in drei Qualitäten ein: *Luck* ist das Glück, das man im Leben so braucht, das Glück beim Spiel, das Glück, wenn etwas gut gegangen ist, obwohl es auch hätte schief gehen können. *Happiness* ist das Glück, das Zufriedenheit beinhaltet, das Glück, das aus einem glücklichen Umstand ein glückliches Gefühl entwickelt. *They lived happily ever after,* sie lebten glücklich bis an ihr

Lebensende, beinhaltet nicht, dass sie auch Glück haben werden, sie sind halt glücklich und zufrieden, ohne besonders viel Glück haben zu müssen. Passt schon, könnte man dazu sagen. Nichts Besonderes, für bescheidene Naturen allerdings genau richtig. Wenn einem das zu wenig ist, kann man zumindest in der englischen Sprache noch eine Intensivierung des Glücks anpeilen, *bliss*, vielleicht sogar *perfect bliss*. Da mag die deutsche Sprache nicht zurückstehen und hängt an das Glück die Seligkeit an. Vollkommene Glückseligkeit ist ein etwas geschwollener Begriff, der im Englischen eigentlich ganz natürlich daherkommt. Vielleicht eignet sich die deutsche Sprache nicht so sehr für die Beschreibung eines so ekstatischen Zustandes. Im Englischen gibt es dafür keine Beschreibung für »Gemütlichkeit«. Die Deutschen sind vielleicht schon vollkommen glückselig, wenn sie es gemütlich haben. *Bliss* dagegen hat mit dem Sofa und den Salzstangen vor dem Fernseher wenig zu tun. *Bliss* kommt da vor, wo der Himmel nah ist. *Bliss*, also Glückseligkeit, nährt sich aus der Erkenntnis: Warum sich die Hölle machen, wenn der Himmel voller Geigen hängt.

Vollkommene Glückseligkeit, der Himmel auf Erden, wird da, wo Gott Urlaub macht, nämlich in Frankreich, seltsamerweise nicht besonders beschrieben. Es gibt *chance*, also Glück im Alltag, und *bonheur*, das Glück der Zufriedenen, glückselig sein heißt einfach gut glücklich sein, *bienheureux*. Das muss reichen.

Die Italiener dagegen kennen zwar das Glück im Alltag, *fortuna*, das die gleichnamige Göttin Fortuna bringt, und *felicità*, das freudige Glück, aber die höheren Weihen der Glückseligkeit müssen sie sich aus dem Lateinischen leihen, *beatitudine*, und die klingen auch etwas anstrengend und mühsam.

Glück stammt aus dem Mittelhochdeutschen und beschreibt eigentlich das Schicksal *gelucke, lykka, gelück,* also, das Geschick, der günstige Ausgang, aber auch das Schicksal im Allgemeinen. Darin liegt auch eine Hingabe an die Bestimmung – nicht alles kann durch eigene Verdienste und durch Tüchtigkeit zum Guten gewendet werden. Wenn die Deutschen das Glück leger beschreiben, entlarven sie, wofür Glück wirklich gehalten wird: für Blödheit. Dussel nämlich. Wer Dussel hatte, hatte Glück, doch der Dussel ist der Blödmann. Dieser Ausdruck spiegelt die Erkenntnis, dass nicht unbedingt intelligente Menschen Glück haben, dass man manchmal vielleicht sogar schlicht im Geist sein muss, vollkommen entspannt, vollkommen glückselig vielleicht sogar, um Glück zu haben.

Das Glück wird hier zu Lande auch zum Tier. Zum Schwein. Glücksschweinchen gibt es zu Silvester, an Geburtstagen oder zu besonderen Familienfesten – bei Gelegenheiten also, bei denen man dem Glück ein bisschen nachhelfen möchte, weil sich etwas verändert, weil ein Zustand in einen anderen übergeht und dabei gut bestrahlt werden soll.

Schweinhaben war für die Germanen das höchste

Glück, denn das Schwein war ihre Hauptnahrungsquelle. Das können die Menschen in Neuguinea nachvollziehen, deren Schweine sogar zur Familie gehören und manchmal von den Frauen des Klans gesäugt werden. Schwein haben ist Glück haben. Vielleicht stammt diese Erkenntnis auch von den Göttinnen Kore und Demeter der klassischen Antike oder ihren Vorgängerinnen, den Erd- und Vegetationsgöttinnen Kybele, Kubaba, Sawuska, Ishtar in Kleinasien, denen die Schweine heilig waren. Sie durften nicht geschlachtet werden und waren die Spielgefährtinnen der Göttin. Wer Schweine hatte, lebte mit den Göttinnen im Einklang und hatte Glück.
Aus den frühesten Ausgrabungen wissen wir, dass ungefähr das Erste, was Menschen außer Werkzeugen herstellten, Glücksbringer waren. Natürliche Rasselsteine galten unseren frühesten VorfahrInnen ebenso als Glücksbringer wie Lochsteine, die um den Hals getragen werden konnten und wenig Bearbeitung erforderten. Wenn wir der Archäologin Maria Gimbutas oder dem Ausgräber der matriarchalen Siedlungen von Catal Hüyük und Hacilar in Anatolien, James Mellaart, folgen, dann brachten auch weibliche Idole, also kleine, genau in die Hand passende Figürchen von Frauen, Göttinnen vielleicht, Glück. Weibliche Figuren fanden sich überall in neolithischen Siedlungen in den Kornspeichern, in den Frauengräbern oder an Quellen. Frauen sollten Wasser und Nahrung beschützen und den Menschen Glück bringen. Die erste männliche Skulp-

tur taucht übrigens erst 7500 Jahre nach den weiblichen Idolen auf und wurde in Thüringen gefunden.
Im Mittelalter galten in Deutschland so genannte Glückshauben als mächtigstes Glücksmittel. Diese entstanden, wenn die Fruchtblase der Schwangeren platzte, das Fruchtwasser auslief und die Eihaut sich wie eine Haube über den Kopf des Neugeborenen legte. Hebammen konnten sich durch den Verkauf von Glückshauben etwas dazuverdienen, ihre Klientel bestand vorwiegend aus Advokaten und Geldverleihern. Auch dic Nabelschnur galt als Glück bringend.
Das Hufeisen als Glückssymbol gewinnt seine Bedeutung einerseits durch das »zauberbrechende Eisen«, andererseits durch die Mondform und schließlich durch die Besonderheit des Gefundenen. Seltene Funde bringen in fast allen Kulturen Glück, das gilt auch für das vierblättrige Kleeblatt und eben nicht das ganz normale und überall wachsende dreiblättrige.
Seit der frühesten Geschichte der Menschheit wollte keine Generation auf dem Erdball das Glück einfach dem Zufall überlassen. In Afrika und Asien galten Kaurischnecken, die kleinen weißen Gehäuse in der Form einer Vagina, nicht nur als Glückssymbol, sie wurden auch als Geld benutzt, so wertvoll waren sie.
Die Vorstellung, dass mit der Geschlechtskraft der Frauen das Glück kommt, spiegelt sich auch in alten römischen, griechischen oder altenglischen Bräuchen: Steine oder Muscheln in der Form von weiblichen Genitalien galten als Glück bringend.

Eine Frau, die in Südengland als Hexe verbrannt wurde, besaß einen Stein, den sie kurz vor ihrer Verhaftung verlor, ihren Fanny (Muschi-)Stone. Er wurde gefunden und ist jetzt im Hexenmuseum von Boscastle ausgestellt. Die Glückssymbole der so genannten Hexen erregten überhaupt gern das Misstrauen der Staatsmacht und der Kirchenmänner überall in Europa und Amerika. Zum Beispiel galt das »Farnhändchen«, die neuen Triebe eines Farns in Form einer kleinen geballten Faust mit fünf Fingern, das sehr selten in genau dieser Form vorkommt und von den weisen Frauen als Glücksbringer geschätzt wurde, als Zeichen, dass eine Frau Hexerei betrieb. Fand man ein Farnhändchen bei einer Frau, wurde sie ohne weiteres zum Tod verurteilt. Dasselbe galt für Mandragora-Wurzeln, die in der Form eines Mannes oder einer Frau wachsen. Die so genannten Alraunweiblein oder -männchen waren zugleich Glücksbringer und Todesbringer, wenn sie entdeckt wurden.

Im Islam gilt seit Jahrhunderten die »Hand der Fatima« als Glücksmittel. Sie schützt vor Unglück und befördert positive Einflüsse. In vielen arabischen und türkischen Gebieten setzt man auf das Auge als Dämonenabwehr und Glücksbringer. Diese Tradition finden wir nicht nur im alten Ägypten, sondern auch in der buddhistischen Tradition. Das Auge Gottes dagegen, das in unserer Kultur im Religionsunterricht eingebracht wird, hat nicht so sehr Glück bringende Wirkung als vielmehr eine Kontrollfunktion. Kinder werden durch die angebliche Allmacht und Allwissenheit des einen Gottes diszipliniert und eingeschüchtert. Und welches Kind wagt schon, dieser Bedrohung das Schwein entgegenzusetzen!

Ein vorchristlicher archaischer Brauch hat Eingang sowohl in die muslimische als auch in die buddhistische und christliche Tradition gefunden. Unsere UrahnInnen nähten Kräuter, Erde, Getreide oder andere wohl tuende Substanzen in kleine Beutel aus Stoff, die dann, am Körper getragen, die Person nicht nur schützen, sondern ihr auch Glück bringen sollten. Die Kirche griff diesen Brauch in der Produktion der »Breverl« (eine Art Kurzbrevier oder Briefchen) auf, die kunstvoll bestickt und oft mit Perlen und hübschen Glückssymbolen verziert wurden.

Im Islam, auch in Afrika gibt es Amulette, *grisgris* genannt, die entweder Kräuter oder heilige Sprüche enthalten. Besonders mächtig sind Amulette, die Pulver von der Wurzel des heiligen Baums enthalten. Wer so ein Amulett tragen kann, gilt als ganz besonders glücklich. Die Buddhisten tragen Amulette mit Kräutern oder Sprüchen oder einem Kalachakra-Mandala. Je bedeutender der Lama, der das Amulett gefüllt hat, umso mehr Glück bringt es. In buddhistischen Einweihungen werden rote, manchmal auch gelbe Bändchen verteilt, die den TrägerInnen Glück bringen sollen.

Schon fast in Vergessenheit geraten ist der Schornsteinfeger, der zwar bei Jahreswechsel oft mit Kleeblatt und Schwein ausgerüstet versucht, beim letzten

Besuch im Jahr etwas Trinkgeld aus den sparsamen Bürgern herauszulocken, indem er sie an seine Glück bringende Funktion erinnert. Doch kaum noch jemand weiß, dass man einen Knopf festhalten soll, wenn man einen Kaminkehrer sieht, oder warum er überhaupt Glück bringen soll. Zum einen hat er im Rauchfang zu tun, der ja ein magischer Ein- und Austrittsort ist, ein Aufenthaltsort der Geister, eine Zwischenwelt, wie auch die Schwelle übrigens. Zum anderen beschäftigt er sich mit Verbrennungsprozessen, die ja höchst magische, weil transformierende, gestaltwechselnde Metamorphosen sind. In der Asche finden mythische Helden wie Aschenputtel oder Halvor, der eine Geisterprinzessin freit, Antworten der Geister. Kohle und Ruß sind oft Mittel, um sich zu bemalen und sich so der Geisterwelt zu präsentieren. Das Feuer ist wesentliches magisches Mittel zur Wandlung der Formen, zur höheren Transformation. Im Feuer werden Orakel gelesen, in der zerfallenden Glut Zeichen gefunden, im aufsteigenden Rauch steigen auch Geistwesen auf – und früher wurde das auch den Hexen nachgesagt, dass sie durch den »Rauchfang« ausfahren und zum Hexentanz gehen.
Steine sind uralte Glücksbringer. Schon die frühesten Menschen maßen Steinen offenbar eine große Bedeutung bei, weil sie diese nicht nur mit roten Tupfen (wobei Rot für Blut, für die Farbe des Lebens steht) und Mustern bemalten, sondern auch Steine in besonderen Formen in Gräbern oder auf Kultplätzen

hinterließen. Besonders Glück bringend sind seit alter Zeit Korallen und Meteoriten, letztere, weil sie selten sind und weil sie aus der Unendlichkeit des Weltalls zu uns gekommen sind und deshalb göttliche Energien verkörpern. Korallen wurden und werden oft zu bestimmten Glück bringenden Formen geschnitzt und als Amulett getragen.
Den frühen Steinzeitmenschen waren Feuersteine, also Flintsteine, heilig. Sie fertigten daraus Kultflöten und Amulette. Aus der Frühzeit menschlicher Kultur stammen auch Glücksbringer aus Knochen und Tierzähnen. Je stärker das Tier, desto größer die Unglück abwehrende Kraft. Bärenzähne, Walrosszähne, Tigerzähne oder die Knochen von Raubkatzen, Bären oder Wölfen galten als besonders mächtig. In den Charivari-Ketten der alten Bajuwaren (etwa 600 nach unserer Zeitrechnung) finden sich all diese Glücksbringer sowie Hirschgrandeln, also Zähne von Hirschen, die den Kelten heilig waren.
Kein Glück bringen hingegen Perlen. Den Zigeunern gelten sie als Tränen und ihre Herstellung ist auch mit Qualen verbunden, denn die Muschel muss einen Fremdkörper umhüllen und unschädlich machen. Auch Opale sind zwiespältige Schmucksteine. Sie werden in der Volkskunde oft als Unglücksbringer gesehen. Allerdings können Menschen, die sehr stark sind, diese Kraft wandeln.
Da Diamanten sehr oft mit Verbrechen in Verbindung stehen, sind sie auch nicht unbedingt das Gelbe vom

Ei für Glück suchende. Die harte Arbeit in den Diamantenminen, die vielen Diamantensucher, die sich auf ihren Glückstrip machen und dabei umkommen, die brutalen Methoden der Schmuggler und Händler tun ein Übriges, um Diamanten in Verruf zu bringen. Vom spirituellen Aspekt allerdings ist der Diamant die reinste und klarste Materie. Der Diamant wird im Buddhismus als Sinnbild für höchste Erleuchtung und Konzentration gesehen.

Am reinsten ist die Kraft von Steinen, wenn sie nicht geschliffen wurden. Wer einen Glücksstein braucht, sollte sich also lieber in der Natur umsehen oder rohe, unbearbeitete Steine wählen. Steine, die vom Wasser geformt wurden, sind besonders mächtig.

Ein eigenartiger Brauch sind Amulette in der Form von Hörnern oder Händen, bei denen der kleine Finger und der Daumen wie Hörner hochgehalten sind. Vermutlich stammt diese Glücksidee aus Ägypten, wo die Mondhörner die Kraft der Göttin Isis und der Göttin Hathor, der Kuhgöttin, symbolisieren.

In der Paranoia religiöser Zwangsneurotiker aller Art, und die gibt es wirklich in allen Religionen und mystischen Gemeinschaften, gelten bestimmte Abläufe, bestimmte Bewegungen, bestimmte Substanzen und Worte als Unglücksbringer. Hier darf man sich nicht links herumdrehen, dort darf man die Schwelle nicht berühren, hier darf man nicht pfeifen, dort nicht das Wort Glück aussprechen. Das Problem mit spirituellen und religiösen Traditionen ist, dass sie umso versteinerter, härter und intoleranter werden, je länger sie ausgeübt werden. Bald weiß kein Mensch mehr, woher welche Tabus stammen und warum man dieses oder jenes murmeln oder tun muss, es wird aber dennoch weiter gepflegt, weil man eben nicht mehr das Vertrauen hat, dass nichts passiert, wenn man es anders macht.

Bei all diesen Glück bringenden Dingen und Handlungen darf man nicht vergessen, dass alles, was wir an Vorstellungen, Regeln, Gesetzen und Vorschriften entwickelt haben, nur eine Hilfskonstruktion ist, um mit der universellen Energie, mit der Macht der Traumzeit, mit Übergängen und Initiationen umgehen zu können. Alle diese Mittel und Handlungen sind nicht die Kraft selbst. Nicht der Rosenkranz ist heilig, sondern die Energie, die durch die Wiederholung entsteht, lässt religiöse Glückseligkeit entstehen. Nicht der *grisgris* schützt dich, sondern deine Zuversicht, dass du unbesiegbar bist. Nicht das Schwein bringt dir den Lottogewinn, sondern die Lottoziehung. Irgendwann. Vielleicht. Wichtiger, als die Ritualvorschriften einzuhalten, ist es, das Glück wirklich zu rufen, zu meinen, sich dem Glück hinzugeben und es nicht fortzuschicken, wenn es kommt. Eine Frau kam einmal zu mir und beklagte sich, dass sie nie Geld habe und auch nie wirklich Glück. Sie wollte von mir einen Talisman haben. Weil sie partout keine Ruhe gab und immer wieder auftauchte, gab ich ihr schließlich einen kleinen Talisman aus Indien, einen Ganesha. Der Elefantengott steht in

Indien für Wohlstand und Glück und kein Geschäftsmann, keine Händlerin, keine Unternehmerin würde daran denken, ein Geschäft ohne Ganesha zu beginnen und zu führen. Diese Frau trollte sich überglücklich. Einige Tage später rief sie mich an und sagte, eine Tante hätte ihr angeboten, ihre Ausbildung zu finanzieren. Jetzt habe sie allerdings Skrupel, das angebotene Geld zu nehmen. Da hilft dann natürlich auch Ganesha nicht.

Bei mir hat Fortuna ein Glücksnest, in dem ein paar Schweinchen, unter anderem auch ein präkolumbisches aus Ton, leben. Außerdem bewahre ich in diesem Glücksnest Dinge auf, die für mich Glück symbolisieren. Ein Stückchen vom Schürzenstoff meiner Oma, ein Kristall, eine Baumfrucht aus Afrika, die ich vom Zeichenfänger in Benin geschenkt bekommen habe, Worte des Glücks, die ich stets erneuere, und zwei Goldnuggets, die mir einmal mein Liebster schenkte. Das Glück will gerufen werden, so viel steht fest. Und ohne Glück ist der schlaueste Plan und die größte Disziplin machtlos. Was Glück bringt, kann jedoch nur jeder Mensch für sich selbst entscheiden, denn wie bei der Heilung einer Krankheit ist die Überzeugung der wesentlichste Teil. Der Glücksbringer, *charm* auf Englisch, kann so auch Teil der eigenen Persönlichkeit werden, Charme, und so zur Glückseligkeit verhelfen.

Die Laus auf der Leber, das Haar in der Suppe

»Ich kann mir deine Geschenke nicht leisten«, sagte lächelnd meine senegalesische Freundin zu einem Mann aus ihrem Dorf, als er ihr eine Uhr überreichen wollte. Ich war verblüfft über diese unverblümte Abfuhr. Und warum muss man sich Geschenke leisten können, die man bekommt? »Wenn ich dieses Geschenk annehme«, sagte sie, »dann schulde ich ihm oder seiner Familie was.« Das leuchtete mir ein.
Besser landet das Haar gar nicht erst in der Suppe. Die Suppen, die wir uns einbrocken, sind allerdings voller Haare, das Glück scheint auf immer getrübt. Ist einmal das Wetter gut, seufzen alle: Das müssen wir dann wieder büßen. Hat jemand einmal Glück: Die Strafe wird auf den Fuß folgen! Weil du dich zu sehr gefreut hast! Das hast du jetzt davon! Wärst du nicht so leichtsinnig gewesen, den Tag vor dem Abend zu loben. Eigenartigerweise sind uns gerade diese alten Traditionen so geläufig, in denen Genuss und Reue paarweise auftreten, in denen zu viel Schönes mit

einem Dämpfer bestraft wird. Kennen wir das nicht? Jemand macht ein wunderbares Angebot, ein Geschenk, und plötzlich regt sich aus der Tiefe der schlechten Erfahrungen, aus der verwundeten Kinderseele, aus dem Archiv »ich hab's ja gewusst«, wo alle miesen Ereignisse gespeichert sind, der Zweifel: Das kann gar nicht gut gehen. Wo ist der Haken?

Meine Mutter ruft mich an. Sie hat sich – fatalerweise durch meine Hilfe und Vermittlung – ein Elektromobil gekauft, das ständig kaputt ist. Jedes Mal, wenn sie ihr Fahrzeug erwähnt, vergesse ich, wie entspannt, wie gelassen ich sein kann, und gehe hoch wie eine Rakete. Alles, was ich je begriffen habe, geschrieben habe, als Weisheit anderen weitergebe, löst sich in einer stinkenden Wolke aus Wut und Ungeduld auf. Ich beobachte mich bei diesem Wutanfall und frage mich, wie Erleuchtete mit anstrengenden kleinen Kindern, mit täglichen Problemen, mit alten Eltern umgehen. Na ja, die meisten Menschen, die sich für erleuchtet halten, haben diese Probleme nicht.

Als ich zum ersten Mal im Himalaya auf etwa viertausend Meter aufstieg, traf ich in einer Hütte einen Saddhu, einen heiligen Mann. Mit glückseligem Lächeln und geschlossenen Augen saß er im Lotussitz, den Wassern von Ganga zugewandt, keine stinkende Windel, keine Stromrechnung, kein randalierender Ehepartner trübte seine helle Freude. Er war außerdem der Vorsitzende der Saddhu-Association und wenn er nicht meditierte, saß er in dem kleinen Gasthaus gegenüber des Tempels und diskutierte mit seinen Saddhufreunden über Forderungen, die man der Regierung stellen könnte. Ein Problem hatte er schon mal nicht – da er sich nicht sexuell verwickeln ließ, blieben ihm die Schmerzen erspart, die das Festhalten an einer Beziehung, das Verlassenwerden und Verlassen erzeugen. Außerdem war das Wetter in dieser Gegend außerordentlich gut, sodass man sich acht Monate von zwölf ohne Probleme sogar im Freien aufhalten konnte. PilgerInnen gaben den Saddhus Geld, sodass sie genug zum Leben hatten – einem Leben ohne Einbindungen, ohne Familie, ohne Verantwortung für andere. Auch eine ältere Frau traf ich, die sich Ma nannte. Mit fünfundvierzig Jahren, als ihre Kinder groß waren, hatte sie ihre Familie in Südindien verlassen und sich auf den Weg zur Gangesquelle gemacht. Nun wollte sie nur noch weiterwandern, betteln, meditieren, zum Kailash gehen und irgendwann in Tibet sterben. Ihr Gesicht strahlte Frieden und Glück aus. Sie hatte eine kleine Hütte instand gesetzt, die sie nach dem Winter verlassen würde. Auch sie lebte von den Spenden der PilgerInnen. Nach einem Leben voller Mühsal und Arbeit als Familienmutter musste diese Hütte an der Sonnenseite des südlichen Himalaya in der Tat das Paradies sein. Aber war das Glück nicht unvollkommen? Zwar hatte sie alle Unannehmlichkeiten hinter sich gelassen, die das Leben in einer Familie so mit sich bringen mag, aber nun hatte sie ja auch keine Kinder, keine Familienangehörigen, keine Freunde und Freundinnen mehr. Ihr Glück schien eben darin zu liegen, dass sie nicht wartete, bis sie sterben würde, sondern einen Teil ihrer irdischen Bindungen bereits jetzt auflöste, um sich ganz der Essenz des Seins zu widmen.

Besonders viele Frauen entscheiden sich irgendwann, das Haar aus der Suppe zu fischen, und schütten dabei die Suppe aus. Sie verwickeln sich in Wohltätigkeitsaktivitäten, halsen sich jede Menge neue Verantwortung auf, fühlen sich für jedes hungernde Kind, für jeden Konflikt in der Welt zuständig und gehen nicht selten nach einer euphorischen Anfangszeit darin zu Grunde, weil sie den Stress, die Überanstrengung, die Unendlichkeit immer neuer Aufgaben und Probleme nicht bewältigen können – weil auch der Wunsch zu helfen zu einer Sucht nach Anerkennung und Gebrauchtwerden führen kann. Als der Krieg gegen den Irak beginnen sollte, machten sich Hunderte von Menschen aus aller Welt auf den Weg, um als lebende Schutzschilde die irakische Bevölkerung zu unterstützen oder gar zu schützen. Die meisten verließen kurz vor den Bombardierungen entsetzt das Land wieder. Sie hatten einfach nicht damit gerechnet, dass ihre heroische Absicht in der Umsetzung einfach nur tödliche Bedrohung, Nervenanspannung, Qual und Misere sein würde, dass sie von niemandem belohnt würden und die irakische Führung dieses unerwartete Geschenk auf ihre Weise einsetzen würde – sie benutzten die naiven EuropäerInnen als Schutz für Elektrizitätswerke und andere öffentliche Einrichtungen.

Diese Art von Wohltätigkeit hat ihre Tücken. Geschickt steuert die Presse unsere Emotionen und Menschen, die sowieso kein Geld haben, spenden noch ihr Letztes für Flutopfer, Hungernde, Vertriebene, ohne genau zu wissen, wie die Situation dort aussieht, was wirklich gebraucht wird und wo das Geld überhaupt hinfließt. Die Grundhaltung des Helfer-Syndroms ist: Damit ich mich nicht so schuldig fühle, wenn ich mal glücklich bin, gebe ich den Ärmsten etwas ab. Ich kaufe mich frei vom Leid der Welt. Wer stinkreich ist, gründet einen Fonds, spendet weltweit und darf dann öffentlich bekunden, dass er lieber reich und glücklich als arm und krank ist.
Gibt es überhaupt so etwas wie eine moralische Pflicht, entweder unglücklich zu sein oder im Glücksfall wenigstens zu zahlen und ein bisschen zu leiden? Gibt es eine Strafe für egoistische Monster, die nicht nur viel Geld haben, sondern es auch noch höchst eigensüchtig verprassen? Die Religionen sagen: Ja, es gibt diese Strafe. Alles, was du tust und nicht tust, wird irgendwo, irgendwann gerichtet werden. Die Materialisten sagen: Ist mir doch egal. Ich glaube nicht an ein Leben nach dem Tod. Sind sie deshalb unglücklicher? Ist Glück an Moral gebunden? Muss das Haar aus der Suppe entfernt werden?
Es werden immer wieder Geschichten, auch alte Mythen, Märchen, Sagen erzählt, wo Hartherzigkeit zum Tod, zur Verdammnis führt. Frau Hütt aus Innsbruck soll so hartherzig gewesen sein, dass sie einer hun-

gernden Familie Brot und Unterkunft verweigerte. Zur Strafe wurde sie versteinert und steht heute als Berg drohend über Innsbruck. Na ja. Wenn das tatsächlich so wäre, müssten ja eine Menge Berge auch in Städten stehen und die armen Schweine müssten triumphierend durch die Straßen ziehen. Stattdessen verkaufen sie an allen Ecken die Obdachlosenzeitung und ermahnen uns, nicht nur an Prosecco und Carpaccio zu denken und den dazugehörigen Italienischkurs, damit wir's aussprechen können.
»Es ist die Aufgabe des Dichters, keine Laus auf der Leber zu lassen«, sagt der Schriftsteller Herbert Achternbusch. Schreiben, um das Glück zu locken? Ich kann's bestätigen. Allein die Beschäftigung mit dem Thema Glück macht mich schon glücklich. Aber gibt es nicht unglaubliche Mengen von Schriftstellern in der Gegenwart und auch in der Vergangenheit, für die das Schreiben erst die Laus auf die Leber lockte, zumal ja die großen Werke der Weltliteratur fast alle im Alkoholbad geboren wurden? Die Laus ist da, was also vertreibt sie? Sehen wir uns die zwei Unglücks-Konstellationen Laus-auf-der-Leber und Haar-in-der-Suppe einmal vom magischen Aspekt an.
Die Laus ist ein Parasit. Wer eine Laus auf der Leber hat, füttert einen Parasiten durch, der zudem auch noch dem eigenen Körper schadet. Das heißt, man verliert Kräfte, ohne irgendeinen Nutzen daraus zu ziehen. Das ist mit anderen Worten die alltägliche Verwicklung in tausend Probleme, die nichts mit ei-

nem selbst zu tun haben, aber trotzdem Kraft fordern. Das Mantra der Zerstörung, des sinnlosen Zitierens von Schrecken, von denen man anderswo gehört hat. Parasitäre Zustände tarnen sich oft genug als Notwendigkeiten. Man fühlt sich verantwortlich für andere, die nicht genug Kraft, Zeit, Geld oder Mut haben. Man fühlt sich wichtig. Unersetzbar. Ohne mich geht nichts. Wenn ich nicht wäre!
Das Haar in der Suppe sieht unter dem magischen Vergrößerungsglas auch interessant aus: In etwas, das mich nähren soll, hat jemand fremde Informationen, fremde Suchtgewohnheiten, fremde Lebensgewohnheiten geworfen. Meine Suppe ist gewürzt mit den Ansprüchen anderer. Und während wir das Haar mit der Suppe niemals mitessen würden, lassen wir uns doch die fremde Information, die fremden Befehle aufhalsen und beugen uns unter dem fremden Joch. Da rückt das Glück in weite Ferne.
Es gibt in der zivilisierten, von der christlichen Leidenssoftware geprägten Welt eine Art Unglückssucht. Geschieht etwas Wunderbares, wird es gewiss gleich mit »ja, aber« ausgebremst. Freu dich nicht zu früh! Heißt eine der Bremsen für die vollkommene Glückseligkeit. Glücksgefühle werden nicht selten mit Aggression und Feindseligkeit geplättet. Und wer dann nicht gleich in die Knie geht, wird von vernünftigen Menschen zum schlechten Gewissen gereizt. Es scheint eine Absprache zu geben, dass zwar einerseits fast jedes Mittel recht ist, um an Geld und Güter zu gelangen,

andererseits wächst damit auch die Sucht, das Unglück in einer Art Mantra zu beschwören. Am liebsten unterhalten sich doch die meisten Menschen über Unglücke, Todesfälle oder schlimme Krankheiten.
Vielleicht fasziniert das Unglück mehr als das Glück, weil es verspricht, uns zum Opfer zu machen. Und wenn wir Opfer sind, können wir »nichts dafür«, sind wir nicht verantwortlich, können die »Schuld« abgeben. Fürs Glück stehen wir immer selbst ein – und werden nicht selten dafür angegriffen. Wer glücklich ist, provoziert. Glück scheint nicht zeitgemäß, nicht politisch korrekt zu sein. Es erregt Irritation und Nörgelei, als könne nur ein oberflächlicher Mensch überhaupt glücklich sein in dieser Welt.
»Glück ist zu achtzig Prozent Disziplin«, sagte die Schauspielerin Lilly Palmer und vielleicht hat sie Recht. Glücklich zu sein erfordert die Disziplin, nicht dem Suchtgejammer nachzugeben, sich nicht im Sumpf der Wehleidigkeit zu suhlen und die Herausforderung anzunehmen: Das Leben ist kostbar. Mach was draus.
Meine Tochter schickte mir eine Karte: There is no way to happiness. Happiness is the way – es gibt keinen Weg zum Glück, Glück ist der Weg. Diese Karte mit dem Spruch von Buddha liegt jetzt auf meinem Schreibtisch, da, wo das Glück manchmal unter den Steuerunterlagen, unter Rechnungen und einem Berg Post verschwindet. Es gibt keinen Weg zum Glück. Glück ist der Weg. Genau.

Glück ist ein Gefühl

Wie es genau gelaufen ist, kann ich nicht sagen. Vielleicht hat einmal eine Labormaus eine ihrer winzigen Pfoten auf die behandschuhte Hand des Wissenschaftlers gelegt, vielleicht strich eine Geliebte über sein Haar, vielleicht freute er sich über die weiche Struktur seines Autolenkrads. Jedenfalls passierte irgendwo in einem Labor ein Quantensprung im Hirn eines Wissenschaftlers und dieser zum Leben erweckte Mann entdeckte die Wonnen des Gefühls. Noch näherte er sich mit aller Vorsicht, mit gebotenem Misstrauen, denn Gefühle sind Weibersache, das weiß schon jedes Kind. Und wenn Psychologie sich nicht hauptsächlich mit Gefühlen beschäftigte, wäre sie sicher in den hohen Hallen der wahren Wissenschaften besser angesehen. Dieser Wissenschaftler jedoch war kein Wischiwaschi-Forscher, sondern ein echter Gelehrter der Naturwissenschaften. Was er entdeckte, verwirrte die Wissenschaft: Nicht nur im Babyuniversum ist der Tastsinn, das Fühlen, das Berühren wesentliche Orientierung in der Welt, sondern im höchsten Maß auch bei Erwachsenen, ja sogar bei Männern, die ja dem Fühlen im Allgemeinen gern aus dem Weg gehen wollen.

Fühlend entdecken wir die Welt, tasten uns durch Schichten von freundlicher und feindlicher Energie, lassen uns behandeln, ja, handeln sogar, und das kommt alles von der Hand, hat Hand und Fuß und ist die neueste Erkenntnis der Wissenschaft. Da das Fühlen jedoch so unseriös ist, heißt die Forschungsrichtung auch nicht Wissenschaft vom Fühlen oder gar Wohlfühlen, sondern vom Haptischen. Das klingt doch gleich sehr viel besser, so fremd, so unnahbar, so autoritär, ja Respekt einflößend. Unsereins fühlt nur, diese Wissenschaftler praktizieren das Haptische. Sie werden entdeckt haben, dass man nicht nur zum Fühlen, sondern auch zum Haptischen die Handschuhe ausziehen, dass man eventuell sogar die Kleidung ablegen muss, denn das Haptische betrifft ja den ganzen Körper, die Haut, auch an den unsäglichen Stellen, wo das Haptische ganz besonders greift, also an den erogenen Zonen, an den Fußsohlen, in den Kniekehlen, den Unterleibsregionen, den Leisten, an den Knien, unter den Achseln, an den Brustwarzen, am Hals, im Nacken, an den Ohren. Der Rücken ist geradezu ein haptisches Paradies rauf und runter. Sanfte Fingerspitzenberührung reicht, um ein Feuerwerk an Glücksgefühlen auszulösen.

Da nun der Hauptteil der Wissenschaft sich mit der Frage beschäftigt: Wie kann man mit etwas viel Geld machen, das eigentlich von der Natur her kostenlos und serienmäßig mitgegeben wurde, interessieren sich ernsthafte Wissenschaftler, die sich der Forschung des Haptischen verschrieben haben, denn auch nicht so sehr für die Glücksgefühle, die uns durchrieseln, wenn wir berührt, gestreichelt, liebkost werden, sondern eher dafür, wie diese Wohlgefühle industriell zu erzeugen sind, damit auch jemand daran verdient. Autohersteller kümmern sich um weiche Lenkräder, Einrichtungshersteller nutzen die Erkenntnisse der haptischen Forschung, um Möbel und Ausstattung so zu entwerfen, dass eine Berührung mit der Hand genügt, um sich rettungslos in das gute Stück zu verlieben. Dabei entdeckten die Forscher, dass die Berührung eine stärkere Auswirkung auf eine Entscheidung hat als das Optische, die Macht der feinen Geruchsstoffe, der Pheromone, obwohl nicht bewusst wahrnehmbar, wesentlich mächtiger ist als beispielsweise das Aussehen einer Person.

Da das Fühlen lange Zeit unterbewertet wurde, gewann das alltägliche Leben in der Welt nicht gerade an haptischer Attraktivität. Kalter Stahl, Metalle aller Art, Beton, Kacheln, Plastik – all das ist nicht gerade ein haptisches Paradies. Da werden keine Wellen von Glücksgefühlen ausgelöst. Schön kontrolliert arbeitet sich der Mensch, der ja mittlerweile zum der Wildnis entstiegenen Bürger wurde und damit alles Zügellos-Haptische verloren hat, durch den berührungsfeindlichen Alltag. Unlustgefühle werden gar nicht mehr registriert, höchs-

tens vielleicht, wenn man in einen verfaulten Pfirsich oder einen irgendwo angeklebten Kaugummi greift. Auch die Befriedigung des Haptischen wird nicht weiter wahrgenommen. Gedankenlos streichelt der Politiker die Katze, genießt das weiche Fell und denkt nicht an die Sehnsucht seiner Frau nach etwas haptischer Aufmerksamkeit. Genießerisch streicht der Modeschöpfer über einen Seidenstoff. Ich sah auch schon eine Frau in einem Einrichtungsgeschäft ein Sofa streicheln. Der Tastsinn hat Millionen Anlegestellen im Hirn, im ganzen Körper, und die Botenstoffe, die so heißen, weil sie etwas transportieren, Impulse, Informationen nämlich, reisen durch die Haut auf einem feinen Wegenetz und dazu brauche ich keine Wissenschaft, um das zu begreifen. Ah, da ist es ja, das Wort zum Thema: begreifen. Vielleicht haben wir etwas erst wirklich wahrgenommen und verarbeitet, wenn wir es be-griffen, berührt, gefühlt haben.
Es ist in dieser Welt nicht mehr besonders attraktiv, barfuß zu laufen. Dabei sind die Fußsohlen der absolute Hit, was haptische Wahrnehmung und Erkenntnis über einen Ort betrifft. Abgesehen von der Temperatur, die Füße sehr viel genauer wahrnehmen als die von Kleidung abgeschirmte Haut, nehmen die Fußsohlen auch die Oberfläche wahr, weich, hart, spitz, rau, rund, sanft, samtig, kratzig, prickelnd. Während ich barfuß laufe, erzählen mir meine Füße etwas. Ich gehe durch eine wunderschöne Landschaft, doch meine Füße sind nicht zufrieden. Hier ist Gift auf dem

zwar schön weichen, aber eigenartig abweisenden Gras. Die Nase kommt dazu. Ja, es riecht eigenartig auf dieser Wiese. Schnell weg. Dagegen so ein Wald, weiches Moos, Blätter, Zweige, jetzt werden alle Akupunktur-Punkte in den Fußsohlen aktiviert. Die Energie fließt, ja schießt durch den Körper. Die Sohlen sind hellwach, tasten sich durch das Unterholz, au, das war zu stachelig, aaah, da ist es aber schön weich. Diese Feinfühligkeit der Fußsohlen nutzt die Fußreflexzonenmassage. Die entsprechenden TherapeutInnen kennen jeden Millimeter der Sohle und wissen, womit diese Stellen in der Fußsohle im übrigen Körper verbunden sind. Allerdings ist es aufwändig und nicht billig, Fußreflexzonen massieren zu lassen, während es einfach und kostenlos ist, barfuß zu laufen, auch alle Stellen im Körper durch die Fußsohle anzuregen und dabei zusätzlich noch Informationen über den Boden zu bekommen.

Wirklich lustvoll ist eine Massage mit Kastanien: Man sammelt Kastanien, und zwar so viele, dass sie eine kleine Kiste füllen, in der beide Füße Platz haben. Jetzt kann man beim Fernsehen oder beim Essen die nackten Füße auf den Kastanien hin und her schieben, tanzen lassen, hineinwühlen und hat noch den günstigen Effekt des Rosskastanienextrakts, der durch die Körperwärme den Kastanien entströmt und die Füße glücklich macht.

Das Haus auf dem Land, in dem ich viele Jahre lebte, hatte ein Geheimnis, das eine Zeit lang nur die Katzen und ich kannten: Vor der Balkontür lief ein Heizungsrohr unter dem Holzboden durch. Oft stand ich dort mit nackten Füßen, neben mir zwei Katzen und wir genossen die behagliche Wärme des Bodens.

Der Forscher Frank Wilson vertritt die These, dass uns nicht das Hirn entscheidend vom Affen entfernte, sondern die Hände. Die komplexe Fähigkeit, zum Beispiel auf dem Klavier mit jeder Hand eine andere Melodie zu spielen, aber auch das Tastvermögen und die entsprechende Hirnverarbeitung des Ertasteten scheint ihm der wahre Durchbruch zum Menschen zu sein. Tatsächlich bringt das Ertasten von verschiedenen Substanzen das Hirn entscheidend weiter in der Analyse einer Situation. Keine Überraschung für weise Frauen, die be-Hand-eln und mit ihren Händen Zustände wandeln können.

Die größte magische Macht liegt in den Händen. Locken, bannen, binden, lösen – immer braucht es die Hände, die, vorher energetisiert, starke Kraft ausstrahlen und Magie bewirken können.

Es ist für Mütter kein Geheimnis, dass wirkungsvoller als jedes Medikament das Handauflegen ist. Neuerdings wird immer vermutet, bestimmte Wunderheiler hätten so tolle Kräfte und wenn sie die Hand auflegten, sei es etwas ganz Besonderes. Meine Erfahrung ist: Berührung macht glücklich. Das Auflegen von Händen bringt, mehr als jede Massage, mehr als gezieltes Drücken und Pressen und Zwicken, Lebendigkeit, Wohlbehagen und damit Heilung an verstimmte

Körperteile. Ich hatte lange ein Problem mit meinem Rücken. Immer wieder verkrampften sich die Muskeln im Rücken, immer wieder wurde ich fast bewegungsunfähig. Eine Physiotherapeutin nahm sich meiner an. Sie griff in meine Rückenmuskulatur und ignorierte meinen Aufschrei. Danach konnte ich mich überhaupt nicht mehr bewegen. Ich gab ihr eine Nachhilfestunde in Berührungskunde. Ich sagte ihr, es reiche mir, wenn sie die Stellen, an die ich nicht selbst meine Hände legen könne, einfach berühre. Dadurch fühlte ich die Energie an dieser Stelle und könne beginnen, meine Muskulatur zu entkrampfen. Das blieb mein Weg der Heilung. Berührung statt ambitioniertem Gezerre. Behandlung statt Eingreifen in feine Strukturen.
Wer das nicht glaubt, kann folgendes Experiment machen. Man sagt zu einer Person: Stell mal deine feinen Härchen auf der Haut auf. Kein Mensch kann das. Wenn man dann jedoch ganz leicht über ihren Kopf streicht und zum Nacken hinunterwandert, kaum fühlbar, dann stellen sich alle Härchen auf. Diese wohligen Schauer, die genussvolle Berührung auslöst, kann man nicht ohne Berührung herstellen. Die Hau-Drauf-Methode der Schulmedizin, die ja sogar Medikamente entwickelte, um das Fühlen ganz auszuschalten, hat uns von der »Feinfühligkeit« entfernt. Was uns geblieben ist, sind Missempfindungen, Wetterfühligkeit, Jucken, Schmerzen auf der Haut. Also wird es Zeit, die Feinwahrnehmung der Haut wieder durch

feine Berührungen zu wecken, das alte Kommunikationssystem Haut wieder zu aktivieren, denn von dort geht kein geringer Anteil an Heilkräften des Körpers aus. Nicht durch Schmerz und tapferes Zähnezusammenbeißen, werden Krankheits- und Krampfprozesse im Körper gelöst, sondern durch wohlige Empfindungen, die Glücksgefühle und Wonneschauer durch den ganzen Körper jagen.
Nicht umsonst ist die so genannte »Wellness« ein so tolles Geschäft in einer Zeit, in der Menschen kaum noch das Wichtigste einkaufen, vor Angst, einmal ohne Geld dazustehen. Wenn das Urbedürfnis nach Berührung, nach wohligen Schauern, nach dem Glück das durch Berührung entsteht, befriedigt wird, fallen alle Ängste, alle zivilisatorisch erworbenen Verkrampfungen und Vorsichtsmaßnahmen.
Heiratsschwindler könnten davon auch ein Lied singen. Weil sie bereit sind, auf die ursprünglichsten Bedürfnisse der Frauen einzugehen, sie zu umwerben, ihnen Komplimente zu machen, sie zu streicheln und zu liebkosen, geben die ihnen ihr ganzes Geld. Aber ist das wirklich so ein schlechter Tausch? Geena Davis spielt in dem Film »Thelma und Louise« eine frustrierte junge Hausfrau, die mit ihrer Freundin ausreißt und mit einem jungen Ganoven zum ersten Mal einen Orgasmus erlebt. Dieser Mann klaut sechstausend Dollar vom Nachtkästchen. Das Geld war für die beiden Frauen das Startkapital für ein neues Leben. In einem Interview wird Davis gefragt, ob sie das nicht

schrecklich finde. Sie antwortet: Finden Sie sechstausend Dollar zu viel für einen fantastischen ersten Orgasmus?
Wirklich problematisch ist es, wenn das Wohlgefühl bei Berührung ausbleibt, wie bei den so genannten Schreibabys. Manche Kinder empfinden Berührungen als Schmerz und können deshalb nicht durch sanfte Berührung getröstet und beruhigt werden. Auch Kinder mit Allergien und Neurodermitis leiden an dem Mangel an Berührung, die bei ihnen nur Schmerzen oder zumindest unangenehme Empfindungen auslösen würde. Manchmal empfinden sie Berührungen an den Fußsohlen oder in den Handflächen als angenehm, aber wo das Glücksgefühl durch Berührung ausbleibt, ist es besser, auf Musik, Töne, Singen, Summen oder Erzählen auszuweichen oder es mit Schwimmen zu versuchen. Die sanfte Stimme kann auch wohlige Gänsehaut produzieren und Heilprozesse in Gang bringen.
Berührungsempfindlichkeit ist einer der Gründe, warum sexuelle Begegnungen manchmal in Schrecken kippen. Es ist wohl eines der größten Missverständnisse zwischen Männern und Frauen, dass etwa der männliche Penis beim Sex die Hauptrolle spiele. Tatsächlich werden Frauen überhaupt erst bereit für eine Vereinigung, wenn vorher der Pheromontest günstig war (das heißt, wenn man sich wirklich gut riechen kann), wenn Berührungen den Körper aufweichen und öffnen können, das Körpermeer in Wallung und ins Fließen bringen. Wer einfach nur per Knopfdruck (Kli-

toris, der mystische G-Punkt) Bereitschaft erzwingen will, ist ein Stümper und sollte sich von Frauen fern halten. Diese Dauerreizung ist auch das Prinzip von Drogen wie Kokain. Das Problem dabei ist, dass jede Wirkung sich abnutzt. Glück entsteht durch Wechselwirkung, durch das Zyklische, durch das Aufbranden und Abflauen von Gefühlen.

Sandra Maischberger, die Moderatorin, greift im Gespräch mit Gästen gelegentlich nach deren Hand oder Arm und berührt sie. Damit macht sie einen Mangel des Fernsehens und der neuen Technologien sichtbar: Es gibt in diesen Medien keine Berührung. Wenn ich einen Film sehe, kann ich berührt sein, weil meine Fantasie die tatsächliche Berührung erinnern und imaginieren kann. Aber auf die Dauer fehlt am Computer, bei Computerspielen, beim Fernsehen die zwischenmenschliche Berührung, die dann durch übermäßig konsumierte Gewaltszenen auch nicht leichter wird. Besonders Jungen und Männer leiden, meist ohne es zu wissen, an Berührungsmangel. Den gleichen sie zwar bei Frauen wieder aus, aber es ist fatal, jede Berührung in einen sexuellen Zusammenhang zu stellen. Oft raufen und balgen Jungen nur, um Berührung zu empfinden, ohne dass es peinlich sein muss. Wer einmal den Ton bei einem Fußballspiel abdreht und nur die Berührungsrituale der Fußballspieler, zum Beispiel nach einem Tor beobachtet, lernt die Choreographie der Berührung verstehen. Härte, Angespanntheit, extreme Bewegungen entladen sich bei einem

Tor in zärtliche Intensität, die Ausschüttung von Glückshormonen wird auf den Gesichtern sichtbar. Und offensichtlich wird auch ein Geheimnis der Glücksentfaltung: der Wechsel von Anspannung und Entspannung, von Bewegung und Ruhe.

In arabischen und afrikanischen Ländern sieht man Männer oft Hände halten und einander umarmen, eng aneinander geschmiegt irgendwo herumliegen und schlafen. EuropäerInnen denken dann oft, diese Männer seien homosexuell. Dabei hat Berührung und Umarmung eben nichts mit Sexualität, sondern mit Zuneigung zu tun und ist notwendig, um glücklich zu sein. Auch die Schwitzbäder in muslimischen Ländern, Hammam genannt, bestätigen diese Erkenntnis. Durch das Anregen der Sinne ohne sexuelles Ziel werden die Lebensgeister geweckt. Düfte, Wärme, Wasser, Massagen und genüssliches Ausruhen erzeugen Wonnen, die sich mitteleuropäische rationale Menschen kaum noch vorstellen können.

Wenn ich in meinem Kleiderschrank Kleidungsstücke suche, hilft mir mein Sehsinn kaum. Ich habe hauptsächlich schwarze Kleidung. Dann schließe ich die Augen und fühle mit meinen Händen die Stoffe, das Material der verschiedenen Stücke und begreife: Sobald wir die Augen schließen, steigt die Wahrnehmungsfähigkeit der anderen Sinne erheblich. Der Tastsinn lässt sich in lustvollen Experimenten schulen, zum Beispiel mit verbundenen Augen langsam und vorsichtig die eigene Wohnung zu ertasten. Wenn alle Sinne geweckt werden sollen, muss gelegentlich der Sehsinn in den Hintergrund treten. Wie mächtig der Tastsinn ist, kann man daran erkennen, dass es zwar vielleicht eklig ist, Schneckenschleim zu sehen, aber auf eine Schnecke mit nackten Füßen zu steigen oder versehentlich in Schleimiges, Schwabbeliges zu greifen ist nicht zu überbieten.

Glück entsteht da, wo die Sinne ausgewogen angeregt werden. Eines meiner größten sinnlichen Erlebnisse und damit stärksten Glücksgefühle schenkte mir mein senegalesischer Freund. Er holte mich nachts vom Flughafen ab. Ich war müde, durstig, hungrig und deshalb einigermaßen schlecht gelaunt. Wir fuhren in die afrikanische Nacht, in einen sternenübersäten Himmel. Als wir bei ihm zu Hause ankamen, stieg ich barfuß aus und lief durch den Sand. Das Meer rauschte, ein sanfter, nicht zu heißer Wind berührte meine Haut. Das Haus war mit hunderten von Kerzen erleuchtet. Es roch nach Räucherwerk. Ich bekam Tee und ein scharf gewürztes Reisgericht. Dann fingen Trommler an zu spielen, wir tanzten. Die Müdigkeit war verflogen. Vor dem Haus brannte ein kleines Feuer. Wir liefen barfuß über den Sand zum Meer und als ich da saß und den Erzählungen des Meeres zuhörte, während die Fingerspitzen meines Freundes über meinen Rücken wanderten, während der Geruch des Meeres und der Geschmack nach Salz mein Bewusstsein berührten, sanken die Augen zurück in die Dunkelheit und ich war vollkommen glücklich.

Unwahrscheinliches Glück

Bei dem schweren Verkehrsunfall vor Jahren machte ich eine ganz erstaunliche Entdeckung: Früher hatte ich immer gedacht, wenn etwas im Körper »nicht stimmt«, krank, irritiert, blockiert ist, muss man unbedingt etwas tun. Selbst die Kräutermedizin meiner Großmutter zielte darauf ab, mit alten Naturmitteln die Krankheit zu lindern und den Körper so zu heilen. Und in der alternativen Heilszene gibt es geradezu eine Heilungs-Sucht. Jedes Zwicken im Bauch, jeder Schmerz in einem Gelenk muss sofort behandelt werden. Abwarten und ruhen ist aus der Mode gekommen. Schmerz ist ein Mittel des Körpers, um mit der Zentrale im Hirn zu kommunizieren. Mit Schmerz wird eine Zustandsbeschreibung durchgegeben. Kommunikationsversuche des Körpers abzuschalten ist nicht wirklich sinnvoll. Der Körper verliert die Fähigkeit, den Schmerz mit körpereigenen Endorphinen und Dopaminen zu beantworten, mit den Glückshormonen, die nicht nur die gute Laune, sondern auch die Gesundheit wieder herstellen.

Als ich nach einer neunstündigen Operation und einem längeren Schwebezustand im Nichts so langsam wieder zu mir kam und mein Kopf wieder munter wurde, bat ich die Ärzte, alle Medikamente abzusetzen. Und obwohl Chirurgen von allen Ärzten meistens die am wenigsten spirituellen sind, traf ich auf einen, der mich verstand. Ich vermute, weil er Handwerker war und erkannte, dass auch ich eine Handwerkerin war: immer dicht an der Materie bleiben, keinen Handgriff zu viel, aber auch keinen zu wenig machen. Die Hilfsschwester tat ein Übriges und zog aus Versehen aus dem operierten Bein eine Plastikkette mit Antibiotika heraus und so war ich einen Tag nach dem Unfall schon von allen Medikamenten befreit. Ich bat die Schwestern, mir sechs Liter Tee am Tag zu geben, damit ich das Narkosegift ausschwemmen konnte, was nicht ganz problemlos war, weil ich am ganzen Körper zerbrochen war und zum Pinkeln aus einer Plastikschale gehoben werden musste. Tatsächlich war ich keineswegs so sicher, wie ich mich gab. Ich folgte einfach einem Impuls, von dem ich spürte, dass er aus einem uralten Wissen kam. Ich machte keinerlei Anstalten, Heilungsprozesse in Gang zu setzen, ich sank in meinen schmerzhaften Körper hinein und wartete. Und da entdeckte ich es: Der Körper, wenn er nicht behindert wird, hat die Tendenz, alle Blockierungen aufzuheben, alle unterbrochenen Verbindungen wieder herzustellen, alle Gifte aus dem Körper zu werfen oder in Fettschichten

zu neutralisieren, alle auf ihn einwirkenden Kräfte miteinander zu verbinden und eine Harmonie zwischen den vielen Wesen zu schaffen, die ihn bewohnen. Der Körper will heilen und tut alles, um die Harmonie wieder herzustellen.
Auf dieser Grundenergie, die ich als eine Art Schwingung, als farbiges Licht empfinde, entfalten sich viele kleine energetische Prozesse, traumatische Störungen, Brüche, Gewalt, Resignation, Verzweiflung, Irritation. Wenn wir versuchen, den Körper in der schulmedizinischen Tradition zu heilen, ohne auf die Schwingungen, die Kreise, die der Körper zieht, zu hören, überlagern wir die Störungen einfach mit neuen Störungen.
Die Schulmedizin arbeitet linear. Von A nach B. Vom Punkt der Verletzung oder der Krankheit zum Punkt der Heilung. Im Allgemeinen geht der Arzt/die Ärztin so vor: Die Diagnose isoliert die kranke oder verletzte Stelle vom übrigen Körper und die Therapie bearbeitet diese Stelle. Die lineare Energie der medikamentösen Behandlung berücksichtigt die Nebenwirkungen nicht. Auf dem Weg zur Beseitigung eines Problems entstehen neue Probleme, die dann auch beseitigt werden müssen. So werden wir von Menschen zu Patienten. Das Prinzip ist hier nicht, den ganzen Körper wahrzunehmen und Kräfte im Körper so auszugleichen, dass der kranke Körperteil wieder harmonisch mit dem übrigen Körper schwingt, sondern die Störung zu isolieren und zu beheben.

Es gibt Situationen, in denen diese Vorgehensweise sinnvoll ist, weil sie das Überleben ermöglicht. Das eigentliche Problem der Schulmedizin ist jedoch, dass sie zu oft eingesetzt wird, auch da, wo Störungen sich wieder selbst auflösen würden, und dass Krankheiten bekämpft und Heilungen wie Kriege geführt werden. Wo Kriege geführt werden, im Kampf gegen Krebs, Herzinfarkt, Hirnschlag, Viren, Bakterien, entsteht keine Harmonie im Körper. Und so wie wir in der Schule auf lineare Wissensanhäufung gedrillt werden und uns darauf einstellen, dass Erfolg alles ist und Niederlage nichts, dass es dazwischen nichts geben kann als den harten Weg hinauf und den traumatischen Absturz, wenn wir Pech haben, so werden wir von der Medizin heilungssüchtig gemacht. Alles muss geheilt werden, fast alles kann geheilt werden. Problem erkannt, Störung eliminiert, Problem gelöst. Daraus wird kein Glück. Denn die Sucht nach Heilung, nach Therapien, nach Therapeuten bei jedem Wehwehchen ist halt auch nur eine Sucht. Abwarten, wahrnehmen, den Körper liebevoll in Krisen und aus Krisen hinausbegleiten ist einfach nicht mehr »in«. Wer nicht sofort für alles einen Wunderheiler kennt, ist von gestern. Die Frage nach der Dauer der Krankheit fällt in den Körper wie eine Bombe. Wo die Linearität einsetzt, verlieren wir das Spielerische. Der Verlust der Traumzeit ist gleichbedeutend mit dem Verlust von Glück.

Magische Heilung kann schulmedizinische Therapien

integrieren. Ihr Ziel ist jedoch nie, Viren oder Bakterien, fremde Erreger oder Probleme auszurotten. Magische Heilung bringt den Körper wieder zum Klingen – im Einklang mit allen Energien.
Als ich anfing, mit meinem verunglückten Körper in einen magischen Tranceprozess zu gehen, musste ich mich zuerst von der Zeitvorgabe trennen: Wie lange wird es dauern, wann werde ich wieder laufen können? Vielmehr entstand ein warmes Gefühl in mir: Jetzt beginnt mein Körper zu leben und jeder Atemzug bringt mich der Harmonie meines Körpers näher. Es ging nicht mehr um Heilerfolge, um Zeiträume, es ging nur noch darum, meinen Körper zu fühlen. Heilung heißt, das Glück im Körper wieder zu wecken, die Seele, den Geist, den Traumkörper und den Körper wieder in einem gemeinsamen Universum zu vereinen. Möglicherweise bleibt der Körper »behindert« oder nicht vollkommen beweglich, vielleicht gibt er sogar auf und stirbt, wichtig ist nur, dass die Heilung, die Heiterkeit in der Seele, im Traumkörper auch den Körper erfasst und auf seinem Weg begleitet. Ich nahm keine Schmerzmittel, um wacher alle Körperempfindungen aufnehmen zu können. Zuerst hatte ich rasende Schmerzen. Ich bin jedoch zum Leiden nicht geboren. Ich wollte keine Schmerzen haben. Ich war bereit, Schmerztabletten zu nehmen, falls mein Körper mit der wirklich schwierigen Situation nicht zurechtkommen würde. Aber schon nach einem Tag ohne Schmerzmittel fing mein Körper an, körpereigene

Endorphine auszuschütten. Zwar sagen die Schulmediziner, dass Schmerzen, wenn sie nicht durch Medikamente gedämpft werden, chronisch im Körper bleiben können. Das ist sicher richtig. Dennoch sollte der Körper die Chance haben, die eigenen Heilmittel zu aktivieren. Denn Schmerzen sind ja die Sprache des Körpers, um sich dem fernen Hirn verständlich machen zu können. Wenn Schmerzen »gelesen«, bewusst wahrgenommen werden, entsteht eine Art Kommunikationsstruktur. Auf die reagiert die Endorphin- und Dopaminproduktion, also die Herstellung körpereigener Schmerzmittel und Glücksstoffe. Ich bekam den individuell angepassten Trip meiner eigenen Körperchemie, war euphorisch, musste dauernd lachen und hatte überhaupt keine Schmerzen mehr.

Ich ließ Töne durch meinen Körper fließen, legte mir ein Monochord (ein Saiteninstrument, auf dem alle Saiten auf den gleichen Ton gestimmt sind) auf den Körper, strich über die Saiten und sang dazu. Ich spürte, wie alle Zellen im Körper aufhorchten. Tiefe Töne breiteten sich in allen Hohlräumen des Körpers aus. An den gebrochenen Stellen fingen die Knochen an, sich zu strecken, gerissene Nervenenden wuchsen wieder aufeinander zu. Ich trank Tee aus den Kräutern, die ich im letzten Jahr gesammelt hatte. Es ging mir nicht so sehr um die spezielle Wirkung der Kräuter, als um die Freundschaft der Kräuterenergie und die Erinnerung, dass ich barfuß durch die Wiesen gelaufen war. Ich belegte meinen ganzen Körper mit meinen Lieblingssteinen und es fühlte sich an wie ein Besuch von guten FreundInnen. Jeden Tag nach dem Aufwachen und vor dem Einschlafen ließ ich mich in eine Imaginationsreise sinken. Ich stellte mir meinen geschmeidigen, beweglichen Körper vor und die Freude, wieder durch den Wald zu laufen, auf einen Berg zu steigen und dort unter den Sternen zu schlafen und zu träumen.

Als ich nach fünf Wochen aus dem Krankenhaus entlassen wurde, ließ ich mich ganz in den Rhythmus des gebrochenen Körpers fallen, spürte ihm nach, dehnte überall entstehende Räume von Heiterkeit, Wärme, Wohlgefühl wieder aus und fiel immer wieder in Trance. Manchmal schüttelte ich selbst die Rassel, manchmal horchte ich einfach nur auf den Wind in den Bäumen. Meine Freundinnen versorgten mich mit Leckerbissen. Zwischendurch hatte ich Abstürze. Ich war schwach, konnte mich kaum auf den Balkon schleppen und nichts transportieren, weil ich beide Krücken brauchte. Manchmal war ich weinerlich, manchmal hatte ich Wutanfälle. Meine Katze wich nicht von meiner Seite und machte mir Mut. Ich dachte daran, dass Katzen sich praktisch von allen Krankheiten und Verletzungen wieder erholen. Sie ziehen sich zurück, manchmal verstecken sie sich irgendwo, sodass niemand sie finden kann, um ohne Druck, in ihrem eigenen Rhythmus ihren Körper wieder heilen zu können – genüsslich schnurrend. Denn schnurrend, in ihrer eigenen Vibration badend, heilen sie jede Krankheit.

Statt einer Reha-Kur machte ich mich auf eine Reise nach Kalkutta zur Göttin Kali. Diese Reise zeigte mir, dass nicht unbedingt die vernünftigen Mittel zum Erfolg führen, sondern die spirituell stimmigen. Alle rieten mir von dieser Reise ab, auch eine Atemtherapeutin, mit der ich arbeitete. Sie sagte sogar: »Dort holst du dir noch eine Infektion, dann kommst du gar nicht mehr hoch.« Ich empfand das wie einen Fluch und schüttelte ihn ab. »Vielmehr«, sagte ich, »hole ich mir dort unglaubliche, nie gekannte Energien von der Göttin Kali, meiner Retterin, ab und werde so stark wie nie zuvor.« Und so war es.
Mein erstes schamanisches Heilritual fand in Kalighat in Kalkutta statt. Mit Krücken ging ich zum Tempel, die Priesterinnen verlangten, dass ich in den Ganges, in das Wasser der Göttin Ganga, eintauchen musste, wenn sie mich schon als nicht-hinduistische Frau zum heiligen Stein der Kali einließen. Tropfnass humpelte ich zum Tempel und ließ mich hineintreiben – Kali entgegen. Zuerst räucherte ich mich, dann gab ich Opfergaben und Geld für die Ärmsten, dann wurde ich, vom Strom der PilgerInnen mitgerissen, spiralig hinunter zum schwarzen Stein der Kali geschoben. Ich verlor meine Krücken, wurde gehalten, schwebte, flog, berührte die drei Vertiefungen im Kali-Stein, wurde hochgedrängt, getragen, bekam meine Krücken wieder und floss mit allen aus dem Tempelbereich hinaus auf die verkehrsreiche Straße. Ich fühlte mich elend und schwach und doch wusste ich, dass alles in

meinem Körper jetzt wieder auf seinen Platz gefallen war. Angst vor Infektionen hatte ich nicht. Ich war schon gestorben, was konnte mir passieren? Kali lachte und ich begriff, zur Todeserfahrung, die sie mir vermittelte, brauchte ich jetzt die Lebendigkeit der Göttin Ganga.

Ein halbes Jahr später bekam ich ein Angebot einer Reisezeitschrift, über die Gangesquelle zu schreiben. Ich hatte noch eine Metallschiene mit siebzehn Schrauben im Bein, eine Schraube ging mitten durchs Knie. Jeder vernünftige Mensch (und es ist erstaunlich, wie viele vernünftige Menschen es gibt!) sagte mir, dass man mit einer Schraube im Knie nicht auf viertausend Meter steigen kann, schon gar nicht, wenn man noch nie so hoch oben war.

Doch ich bewegte mich nicht im Energiefeld der logischen Vernunft. Ich bewegte mich in einem schamanischen Heilungsprozess, der andere Gesetze kennt: Finde deine Heiterkeit, deine Gelassenheit, deine Lebenslust wieder. Mach Bekanntschaft mit deinen Verbündeten, feiere mit ihnen, wecke dein Lied, tanze, verbinde dich mit den Geistern, mit den alten Kräften der Erde und des Universums, spüre, dass du ein Teil von allem bist. Du bist vollkommen. Spüre es. In diesem Raum gibt es keine Versicherung, keine Wahrscheinlichkeiten, keine Zeitvorgaben.

Ich spürte es nicht gleich. Mein Körper fühlte sich zerschunden an, ich konnte zwar gehen, aber noch nicht laufen, manchmal hatte ich starke Schmerzen und dachte, ich halte es einfach nicht durch. Doch wenn ich durch die Stadt ging und mir jeder Knochen im Leib wehtat, dachte ich, kann ich genauso gut auch auf einen Berg steigen. Da ist kein Unterschied mehr, nur die Landschaft ist schöner. Und ich sagte zu.

Mein Weg zur Göttin Ganga brachte mich an den Rand meiner Kräfte. In der Nacht war ich so erschöpft, dass ich nur mit den Zähnen klappern und zittern konnte. Am nächsten Tag rasselte ich, räucherte mit Kräutern, die ich etwas tiefer gepflückt hatte, rief Kali und Ganga an und badete im zwei Grad kalten Wasser der Gangesquelle. Ich saß auf einem Stein mitten im Wasser und wusste: Meine Heilung wird gelingen. Die Göttin in mir ist wach.

Ich spürte meinen Körper wie nie zuvor. Heiter und überrascht wuchs er mir zu. Wie unbewusst hatte ich in meinem Körper bisher gelebt! Obwohl ich mich schon lange mit Magie und mit Kräutern beschäftigt hatte, war ich noch nie so tief in die Zusammenhänge aller Wesen, in die gemeinsame Schwingung allen Seins im Kosmos eingesunken. Dieses neue Verständnis machte mich heiter, ja übermütig. Ich freute mich an den banalsten Dingen, musste über alles lachen und wenn ich mal Schmerzen hatte, lachte ich selbst über die. Wieder zurück, begann ich, Yoga zu machen, und wanderte liebevoll an die Grenzen meines Körpers, dehnte mich aus, hielt mich ein wenig in der Dehnung auf und kehrte in die Entspannung zurück.

Dann kam das Angebot, über den heiligen Berg Kailash in Tibet zu schreiben. Gerade zwei Wochen zuvor war das Metall in meinem Bein entfernt worden und ich konnte kaum auf allen vieren kriechen. Bei dem kurzen Eingriff hatte ich, bestärkt durch die Erfahrung nach dem Unfall, keine Medikamente, keine Schmerzmittel genommen und wurde sehr bald stärker. Ich rasselte und sang nachts am Feuer, räucherte mit Salbei und Rosmarin und rief meine Verbündeten. Dann wusste ich: Ich fahre zum Kailash.

Alle in der Gruppe waren fit und stark. Ich war schwach, elend. Doch die Starken bewegten sich schnell und ich bewegte mich langsam, weil ich einfach nicht schneller konnte. Das heißt: Ich akklimatisierte mich mühelos, während der Fotograf nach Hause fahren musste, weil er so höhenkrank war, dass er Blut spuckte. Ich ernährte mich von Gerstenmehl und Buttertee und wurde jeden Tag kräftiger.

Als wir die erste Nacht im tibetischen Hochland zelteten, kamen die Einwohner eines nahe gelegenen Dorfes neugierig daher. Sie klauten mir eine Jeans und einen Pullover, aber später merkte ich, dass sie mir einen uralten Raubtierzahn dafür in den Rucksack gesteckt hatten. »You are too much lucky«, kommentierte der Fahrer scheu, denn dieser alte Tigerzahn galt den Tibetern als ultimatives Glückssymbol. Anstatt auf meine Stärke zu bauen, gab ich mich bei dieser Reise ganz meiner Verletzlichkeit, meiner Schwäche hin. Dadurch wurde ich offen für die Schwäche anderer, ich lernte wieder, Kraft da abzuholen, wo sie für mich bereit ist. Ich nährte mich aus Bildern und Träumen und warf so wieder das Glücksrad an, das das Unerwartete, das Unbekannte, das Andere braucht, um sich zu bewegen und Glück auszuschütten.

Nicht ohne Grund spricht man von »Stubenhockern«, die wohl auf ihre Weise auch glücklich sind, aber nichts vom Glück des frischen Windes, der geglückten Herausforderung, der kühnen neuen Erfahrungen kennen. Liegt das Glück im Reisen? Nein, ich glaube eher, es liegt in der Fähigkeit, sich zu öffnen, alles willkommen zu heißen und im Körper umzusetzen. Das ist eben bei allen Menschen unterschiedlich.

Es lohnt sich, herauszufinden, was Glücksgefühle erzeugt und wo das Glück am größten ist. Wenn das Ergebnis dieser Untersuchung etwa lautet: Ich kenne gar keine Glücksgefühle oder ich habe schon lang nicht mehr gelacht, dann wird es Zeit, sich auf den Weg zu machen, dorthin, wo es etwas zu lachen gibt. In vielen Märchen gibt es das Motiv der Reise, um das eigene Glück zu machen. Drei Söhne, sieben Söhne, drei Töchter, Geschwister werden ausgeschickt, um etwas zu finden oder zu lernen. Märchen sind alte spirituelle Lehrbücher. Aus ihnen können wir viel über die Kräfte unseres Lebens und der Welt erfahren, vielleicht nicht so unverblümt und direkt, wie es jetzt im Fernsehen oft rüberkommt oder in der Schule gelehrt wird. Märchen lehren uns in der alten Art. Geschichten werden erzählt, Handlungsmöglichkeiten werden entworfen, alte magische Tätigkeiten und Rezepte werden wiedergegeben, Weisheiten vermittelt.

Auch junge Handwerker gingen früher auf die Reise, um ihr Glück zu machen, mein Großvater wanderte mit seinem Büchlein von der Handwerksgilde durch halb Europa. Und wer schon einmal gejoggt oder gewandert ist, weiß, dass der Körper nach einiger Zeit Glückshormone ausschüttet. So wird die Lehr-Reise nicht nur eine Berufs- und Lebenserfahrung, sondern auch der Weg ins Glück.

Gehören Gehorchen

»Das sind nicht meine wirklichen Eltern. Sie haben mich nur adoptiert, weil meine echten Eltern bei einem Flugzeugabsturz ums Leben kamen«, erzählte mir eine Freundin und ich hatte keinen Grund, das nicht zu glauben, bis eine andere Freundin, die mit ihr aufgewachsen war, diese Geschichte als Produkt von Beas Fantasie enttarnte. In diesem Augenblick stieß ich auf ein rätselhaftes Phänomen: Viele Kinder wünschen sich andere Eltern, träumen davon, dass die wahren Eltern gestorben seien und sie jetzt mit diesen Ersatzleuten vorlieb nehmen müssen, die aber natürlich keine Ahnung haben.

Man könnte sagen, Kinder träumen sich eben etwas zusammen, das hat keine Bedeutung. Interessant ist allerdings, dass diesem Impuls in der Kindheit, der Zugehörigkeit zu entfliehen, im Erwachsenenalter der Impuls entgegensteht, irgendwo dazuzugehören. Die meisten Menschen sehnen sich danach, tun alles, um irgendwo »aufgenommen« zu werden, vielleicht sogar wie bei Baghwan einen neuen Namen zu bekommen und damit eine endgültige Zugehörigkeit. Als AußenseiterIn zu überleben ist kompliziert. Bei den Bonobo-Affen werden oft junge Männchen an den Rand der Affengesellschaft getrieben, die weder in die Fellpflege noch in die zärtlichen Spiele einbezogen werden. Depressiv sitzen sie auf irgendwelchen Ästen in der Nähe der anderen und meditieren über ihr Unglück. Dass es ein Glück sein kann, mit eigener Kraft am Rande der Gesellschaft zu leben, ist ein längerer Lernprozess, ein Ergebnis intensiver Erfahrungen.

Als ich die Reportage über die Gangesquelle machte, geriet ich in Haridwar in eine größere religiöse Feier am Fluss. Ich ließ mich mit der Menschenmenge treiben, genoss die Gesänge, den würzigen Duft der Räucherstäbchen und wogte mit allen ins Wasser und wieder hinaus. Plötzlich stand ich allein auf der Straße. Ein Polizist kam und fragte mich: »Where is your family?« Wo ist Ihre Familie? Er konnte sich absolut nicht vorstellen, dass eine Frau in der Fremde ganz allein vollkommen glückselig sein konnte.

In der Hausgemeinschaft auf dem Land, in der ich lange Jahre gelebt habe, gab es zwei Zwillingspärchen, zwei Jungen und einen Jungen und ein Mädchen. Der eine Junge wurde aus irgendeinem Grund von Anfang an ausgeschlossen. Interessant dabei ist, dass er der ruhigste, in sich ruhendste war. Ihn konnte kaum etwas umwerfen, er hatte eine Halskette mit mehreren Schnullern und wenn er von den anderen hinausge-

drängt wurde, holte er sich einen der vielen Schnuller, probierte vielleicht noch einen anderen und saß dann bekümmert in der Ecke und wartete. Nein, ich glaube, er meditierte. Obwohl er traurig war, wirkte er dennoch bei sich und geerdet. Er hing sehr an dem Mädchen des anderen Zwillingspärchens. Da sie von den beiden anderen Rabauken auch oft ausgeschlossen wurde, taten sich die beiden zusammen. Eines Tages, die Zwillinge waren drei und vier Jahre alt, kam der kleine Junge zu seinem Zimmer und die Tür ließ sich nicht öffnen. Sein Bruder hatte sich mit dem Mädchen eingeschlossen. Er setzte sich vor die Tür und schrie. Nie vorher oder nachher habe ich so sinnlich erlebt, dass das Ausgeschlossensein, der Verlust einer Verbündeten, tatsächlich zu einem körperlichen Schmerz, zu einer Art Wahnsinn werden kann.
Während eine Art von Zugehörigkeit lästig sein kann und verdrängt wird, wird eine andere gesucht, ersehnt, erwünscht. »Be-long« sagt man im Englischen, »to long« heißt sich sehnen. »Faire partie de«, Teil sein von, auch ein wünschenswerter Zustand. »Gehören« im Deutschen spricht eine deutlichere Sprache: Gehören nähert sich dem Gehorchen. Wer zu jemandem gehört, gehorcht auch. Zugehörigkeit wird mit Gehorsam erkauft. Zugegeben, es kann sinnvoll sein, Regeln zu befolgen, die das gemeinsame Leben erleichtern. Es braucht Gesetze, um größere Gruppen von Menschen in eine sinnvolle Ordnung zu bringen. Diese Zusammengehörigkeit mit allen Regeln, Privi-

legien und Verboten wird für die meisten Menschen zu einem Glücksgefühl. Ich ordne mich den Gesetzen unter, akzeptiere die Verbote, dafür profitiere ich von den Vorteilen der Gemeinschaft, werde getragen, unterstützt, geschätzt. Ich gehöre dazu, also bin ich?

Gemeinschaft steht für Privileg, die Europäische Gemeinschaft, auch Festung Europa genannt, wird zum ersehnten Ziel für alle Menschen, die zufällig in einem so genannten »Dritte-Welt-Land« geboren wurden und nun ihr Glück im Luxus Europas machen wollen. Doch Gemeinschaften verändern sich nicht gern, öffnen sich nicht so leicht für Fremde. Aus dem Gemeinschaftsgefühl entsteht fast immer die Angst vor dem Fremden, Unbekannten. Wenn zum Beispiel in einem Zugabteil mit sechs Plätzen vier Menschen von Anfang der Reise an zusammen reisen und eine Person im Lauf der Fahrt dazukommt, wird diese als Eindringling in einer gewachsenen Gemeinschaft empfunden.

Die Angst vor dem Fremden, der Hass auf das Andere, Unbekannte kann nur dadurch aufgelöst werden, dass man sich selbst mit dem Unvertrauten vertraut macht, die größere Gemeinschaft sucht – auf dieser Erde gehört alles zusammen. Im Universum gehört alles zusammen. Wer das einmal gespürt hat, weiß, dass es kein Innen und Außen gibt. Alles ist eins. Das Universum verliert nichts.

Diese Sehnsucht nach Bestätigung und Sicherheit in einer Gemeinschaft führt oft dazu, dass Eigenverantwortung und Eigenmacht abgegeben werden zu Gunsten eines Gemeinschaftsgefühls, das alles andere verdrängt. Rauschhaft strömten die Menschen Hitler zu, hörten auf, Individuum zu sein und wurden raunende, schreiende Masse, die sich in eine Vernichtungstrance sprechen ließ. Dieser Mechanismus funktioniert immer wieder. So groß ist die Sehnsucht nach dem Glückstaumel in der Gemeinschaft, dass jeder gewalttätige Prolet, jeder charismatische Religionsstifter Zulauf bekommt. Ob die Massen einem Rockstar zujubeln und in Tränen ausbrechen oder die absurden Vorschriften eines fundamentalistischen Mullahs befolgen, der Impuls ist derselbe: Eins werden mit der wogenden Masse. In der Zusammengehörigkeit mit allen anderen aufgehen, verschwinden, weinen, kreischen, Dampf ablassen, die Absolution erlangen, weil man Regeln befolgt oder bezahlt hat.

Das böse Erwachen aus dem Zusammengehörigkeitstaumel kommt. Nach einem Konzert, in dem alle so wunderbar eins waren, steht man plötzlich wieder allein da, hat mehr Geld ausgegeben, als man sich leisten kann, und von der Magie des Stars ist leider nichts mehr übrig. Die brutale Wirklichkeit tritt ein, wenn man die Regeln der Gemeinsamkeit verletzt, wenn aus dem Zuckerwattehirn die kleine bohrende Frage auftaucht: Was mache ich hier eigentlich?

Wer unbedingt irgendwo dazugehören will, kann diese Frage niederkämpfen. Das wird schon okay sein, die wissen schon, was sie tun. In dem Seminar eines NLP-

Gurus (Neuro Linguistisches Programmieren) wollte eine Frau zur Toilette gehen. An der Tür standen Security-Männer.
»Du kannst nicht raus«, sagte einer zu ihr. »Es gehört dazu, den Harndrang zu kontrollieren.«
»Na gut«, sagte die Frau, »dann pisse ich euch halt vor die Füße, mir ist es egal.«
Sie durfte gehen (und mit ihr gingen gleich noch ein paar andere). »Ihr könnt dann aber nicht mehr rein«, sagte der Ordner.
»Wer will da rein?«, wunderte sich die Frau.
Ihre Freundin fand das mega-peinlich. Sie ging den ganzen Tag nicht aufs Klo und hatte am nächsten Tag eine Blasenentzündung. Trinken durfte man nämlich auch nichts.
Es ist keine natürliche Reaktion, sondern Konditionierung, dass man so etwas wie vorauseilenden Gehorsam entwickelt. Schmerzhafte Erfahrungen mit Verweigerung und Eigenmacht führten in der Kindheit dazu, dass Regeln lieber sofort befolgt werden, dass Strafe gar nicht erst provoziert wird.
Wer kennt nicht das Phänomen, dass Kinder nicht auffallen wollen. Die Industrie nutzt das Bedürfnis der Kinder, zusammenzugehören und gleich zu sein, um teure Produkte an alle loszuwerden. Für ein Kind kann es traumatisch sein, aus äußerlichen Gründen ausgeschlossen zu werden. »Ich will kein Aldi-Kind sein«, formulierte das der Sohn einer Sozialhilfeempfängerin.
Meine Tochter ging in Starnberg in die Schule, wir

hatten nicht viel Geld und sie konnte sich die Kleiderordnung im Ort der Millionäre nicht leisten, also erfand sie den Trend, Secondhand-Klamotten zu tragen, der bald kopiert wurde. Sie zeigte und lebte, wie man dazugehört und dennoch eigenmächtig bleibt.
Das war für mich als Kind nicht so einfach. Ich war eigenmächtig, musste mich jedoch von der Gemeinschaft absetzen, um mein Glück zu finden. Ich musste Meisterin werden, um Schülerin sein zu können. Meisterin meiner eigenen Wahrheit, meiner Fähigkeiten, meiner Gefühle. Erst als ich mich selbst gefunden hatte, konnte ich Wahrheit und Wirklichkeit anderer Menschen gelassen betrachten. Ganz bei mir kann ich die anderen sein lassen. Sie bedrohen mich nicht mehr, weil ich weiß, dass ich meine eigene Wahrheit kenne. Es ist mir nicht mehr peinlich, sichtbar und hörbar zu werden, Widerspruch einzulegen.
Mich selbst zu spüren, von der Erde gehalten, von der Luft liebkost, vom Feuer beflügelt und vom Wasser gereinigt, im Einklang mit allem und mit Lust auf lebendige Auseinandersetzung, das Glück lockend, das Leid meidend – darin liegt für mich das vollkommene Glück.

Liebesglück

Die Elefantendamen ziehen mit ihren Kindern durch den Busch. Bullen sind nicht in Sicht. Es ist nämlich so, dass sie allein herumstreunen und mit anderen Elefantenbullen leben, ihre Nahrung suchen und ihre Morgentoilette machen, bis die Zeit der Paarung naht. Dann geben geheimnisvolle Duftmarken durch: Das Leben kann beginnen. Dem Glück steht nichts mehr im Weg.

So ganz auf der Höhe der christlich-sozialen Tradition sind sie damit nicht, denn die fordert Liebesglück allein in der Ehe. Sind ja nur Tiere, wird vielleicht jetzt jemand denken und tatsächlich können die Tiere machen, was sie wollen, wenn sie nicht gerade abgeknallt, zu Suppe verarbeitet, zu Pelzmänteln gehäutet oder gebraten werden. Ihr Glück lässt sich nicht durch wissenschaftliche, religiöse oder soziologisch-pädagogische Vorschriften regeln. Gepardinnen holen sich ihr Liebesglück und sprinten davon, schneller als jedes andere Tier. Elefantinnen sind da etwas schwerfälliger, weil größer. Affen sind in ihrer sexuellen Betätigung derart hemmungslos, dass im Zoo die meisten Menschen deshalb vor den Affenhäusern und -gehegen stehen. Hier kann man mehr lernen als bei Bienen oder Hummeln.

Fest steht, dass es so etwas wie Liebesglück geben muss, sonst wären alle Arten längst ausgestorben. Es muss eine Art Rausch erzeugen, von Blüte zu Blüte zu fliegen oder einem rosaroten Pavianhintern hinterherzujagen. Wurde man von der Liebe enttäuscht, wie der Dichter Büchner, dann lässt man eine Romanfigur angewidert den Geschlechtsverkehr der Fliegen kommentieren. Das gibt auch etwas her. Wer frustriert und sauer ist wie der Woyzeck aus Büchners gleichnamigem Stück, muss die unverblümten Fortpflanzungsbemühungen der Fliegen tatsächlich als Beleidigung empfinden.

Während kaum jemand ausflippt vor Neid, weil eine andere Person religiöse Verzückung erlebt oder ekstatisch Kettenkarussell fährt, gibt es auf sexuellem Gebiet jede Menge Frustration, Neid, Missgunst, Eifersucht und entsprechend tödliche Reaktionen auf nicht befriedigte Lust. Nicht jede/r kann ins Kloster gehen und aus den religiösen Riten, den Fastenzeiten, den Gebeten und Meditationen Glückseligkeit ziehen, obwohl diese immer wieder von Jesuiten bis Buddhisten gerühmt wird. Tief in uns schlummert die Sehnsucht danach, zu lieben, geliebt zu werden und sexuelle Befriedigung zu erleben. Durch die Jahrtausende haben Männer ihr Leben und ihren Ruf und Frauen Demütigung, Schande, Verfolgung, Steinigung, Folterung riskiert, um ihre Liebe zu leben, um bei der Person zu sein, die dieses Glücksgefühl auslöst.

Nun gibt es ja quer durch die Religionsgepflogenheiten einen seltsamen Brauch: Während man dem weltlich lebenden Mann jede Art von sexueller Befriedigung zuspricht und sexuelle Tätigkeit von Männern tatsächlich mit Lebenskraft assoziiert wird, ist das bei Frauen eine ganz andere Geschichte. Die Lust der Frauen scheint gefährlich zu sein, so gefährlich, dass sich ihre Verhinderung, ihre Bestrafung und die Ausrottung von Frauen, die ihre Lust leben, über den ganzen Globus zog und zieht. Und nicht nur die Lust der Frauen ist Zielscheibe. Sogar wenn sie vergewaltigt und geschwängert werden, sind sie der Verfolgung ausgesetzt, nicht nur in Nigeria, wo gerade wieder einmal eine junge Frau zum Tod verurteilt wurde, weil sie vergewaltigt wurde und ein Kind geboren hat. Zwar wurde das Urteil wieder aufgehoben, das ändert jedoch nichts an der Tatsache, dass der Mann nicht angeklagt wurde und der Frau sexuelle Erfüllung gar nicht erst zusteht. In diesem Fall wäre die Frau sogar für die Vergewaltigung verurteilt worden. Schuld hat immer die Frau. Der Mann folgt nur seiner Bestimmung.

In katholischen Ländern wurden bis vor kurzem noch Frauen in entsprechenden Institutionen und Heimen, notfalls im Irrenhaus gefangen gesetzt, die uneheliche

Kinder geboren hatten oder Sex hatten, ohne verheiratet zu sein. Die weibliche Lust ist natürlich vom Teufel. Wenn eine Frau Vergnügen am Sex hat, dann ist sie schon auf der anderen Straßenseite, wo die roten Lichter brennen und die Freier ungeduldig auf und ab gehen. Eine Prostituierte ist zwar per Definition eine Frau, die sich für sexuelle Handlungen bezahlen lässt, trotzdem wird weltweit eine sexuell freie Frau gern Nutte genannt. Einerseits finden es die Männer attraktiv und angenehm, mit einer Frau Sex zu haben, die das auch genießt, andererseits scheint es zugleich eine Bedrohung zu sein. Vielleicht ist es ja auch Neid, denn die Fähigkeit der Frauen, Orgasmen in multiplen Wellen immer wieder neu zu erleben, ist schon eine Herausforderung, wenn die eigene sexuelle Erregung nach dem Höhepunkt erledigt ist. Die gegenseitige Vermittlung der eigenen Lust wäre ja durchaus erstrebenswert, würde das Leben lustig, die Liebe schön und die Beteiligten glücklich machen, aber gerade dieser Austausch scheint besonders schwierig zu sein. Frauen wollen reden, Männer lieber nicht so gern, Männer mögen zwar manchmal schmutzige Worte hören, aber keine Beziehungsdiskussion führen. Und die meisten Männer haben sich auf einen Ablauf des sexuellen Geschehens eingependelt, von dem sie ungern erheblich abweichen. Also wenn eine Frau sagt: »Ich möchte gerne, dass du mir die Füße kitzelst, und mehr will ich eigentlich nicht«, dann ist das für den Partner zumindest gewöhnungsbedürftig und oft auch nur akzeptabel, sofern er selbst seine Leidenschaft, die nun mal eindimensionaler und linearer ist, befriedigen kann. Von muslimischen Männern höre ich oft, dass sie sexuelles Begehren bei Frauen indiskutabel finden – natürlich nur bei ihren »eigenen« Frauen. Die meisten von ihnen gehen genau wie Männer in christlichen Ländern ins Bordell, um Vergnügen zu erleben, von dem ihre Frauen nicht wissen dürfen, weil sie sonst vielleicht auf gefährliche Gedanken kommen und ihre Männer etwa kritisieren oder Erfüllung anderswo suchen könnten. Das Problem mit sexuellen Begegnungen ist, dass darin ein großes Glück liegt und zugleich auch große Gefahren lauern. Sexuelles Vergnügen zu verbieten und zu unterdrücken ist offenbar nicht die Lösung. Was verdrängt wird, kommt irgendwann umso mächtiger wieder hoch, wie wir an den Gewaltverbrechen überall sehen können. Auch die Mahnung der Religionsführer aller Länder, nur in großer Liebe eine sexuelle Vereinigung anzustreben, ist natürlich nicht ganz auf der Höhe der Ereignisse. Seit der Erfindung der monotheistischen Religionen wird die sexuelle Betätigung von Männern geregelt und die Regelung wird von Frauen überwacht, eingehalten und oft in vorauseilendem Gehorsam durchgezogen. Dabei verstehen viele Männer und ganz besonders religiöse und weltliche Führer eigentlich gar nichts von den Empfindungen der Frauen. Also geht es nicht darum? Genau. Was Frauen empfinden ist sekundär, oft lästig, peinlich, und banal sowieso.

Unbeirrt fahren dagegen Frauen fort, ihr eigenes Glück auf den Mann zu projizieren und so zu tun, als sei Glück ein universeller Wert, den alle Menschen gleich empfinden. Sie schimpfen an faule Männer hin, stellen Forderungen, nötigen sie zu Beziehungsgesprächen, sie erwarten Engagement und tiefgründige Überlegungen zum Thema Beziehung, Liebe, Ehe, Kinder. Dabei wissen wir doch mittlerweile von Soziologen wie Dieter Otten und anderen, dass Männer zumeist Regelbefolger sind und ohne Regeln ausufern. Wir wissen auch ohne Soziologen, dass es Männer in Kasernen und in Kriegen aushalten, dass sie im Allgemeinen lieber lügen, als sich einer Konfrontation zu stellen. Und wir wissen, dass neunzig Prozent aller in Deutschland inhaftierten Kriminellen Männer sind. Glück kann da nur in der Akzeptanz liegen, in der Warnung: Fordere dein Glück nicht heraus. Nach diesem Grundsatz handelten unsere Mütter und Großmütter. »Die kluge Frau regiert aus dem Hinterhalt«, sagte meine Oma (sie sagte eben nicht »Hintergrund«), »aber bei uns gab es keine Männer, die man hätte regieren müssen, und allein unter Frauen stand dem Glück wenig im Weg.«
Von meinen Freundinnen kannte ich andere Familienverhältnisse mit Prügeln, Strafen, Regeln und ehernen Prinzipien. Während Männer Frauen anlogen, was ihre Gelage und ihre heimlichen Geliebten anging, lebten Frauen in klassischen Familienverhältnissen ein Doppelleben. »Kaum war der Papa aus dem Haus,

wurde geraucht und gelesen, Freundinnen bevölkerten das Haus, Papa wurde nach allen Regeln der Kunst zerlegt«, erzählt eine Freundin von ihrer Kindheit. Um fünf ordneten die Töchter und die Mama das Haus, der Spuk war vorüber, alle standen am Fenster als der Vater seinerseits von seinem Doppelleben zurückkam, die Aktentasche in der Hand. Die Mutter winkte, er setzte ein schiefes Lächeln auf – Familienglück!

Was wenige Männer bis jetzt wirklich verstanden haben, ist, dass sie Frauen unbedingt glücklich machen müssen, dass es keine höhere und wichtigere Aufgabe gibt, denn wenn Frauen unglücklich sind, machen sie Männer unglücklich, machen sie ihre Kinder unglücklich und Unglück verbreitet sich nun einmal wie ein Feuer in einem Eukalyptuswald. Eine glückliche Frau, die alle Facetten der Glückseligkeit kennt, hat kein Problem damit, ihre Kinder glücklich zu sehen, ihren Mann oder ihre Familie zu beglücken. Eine glückliche Frau muss niemand anlügen, weil sie den anderen auch ihr Glück gönnt. Glück will überall Glück sehen und erleben. Glück verströmt sich. Glück will geteilt sein, weil es dann stärker ist. Wer glücklich ist, wer sexuelle Befriedigung erlebt, muss nicht mit saurer Miene Gutes tun und sich über andere erheben. Wohltätigkeit ist ja durchaus eine zweischneidige Angelegenheit. Wer nicht glücklich ist, kritisiert die Glücklichen und schimpft sie oberflächlich und leichtsinnig.

Auch Unglück und Hass verbreiten sich gern. Je enger der eigene Raum, umso weniger gönnt man den anderen. Wenn ich nichts habe, sollen die anderen auch nichts haben. Wie Unglück sich multipliziert, sehen wir täglich an allen Kriegsschauplätzen. Unglück braucht Ersatzbefriedigung, giert nach mehr, zieht alles mit in den Abgrund. Ist es wirklich so schwer zu verstehen, dass allein Glück und die Lust am Leben die Welt heilen wird?

Bitter macht glücklich

Brauchen wir überhaupt noch Wildkräuter? Der moderne Homo Computerensis deckt seinen Nahrungsbedarf doch ohne Probleme mit Pasta, Döner, Pizza oder asiatischen Snacks. Wenn Vitamine mal knapp werden, wirft er ein Multivitaminpräparat oder Nahrungsergänzungsmittel ein und fährt abwechselnd auf Ginkgo, Calzium, Magnesium, Ginseng und andere industriell aufbereitete Kräutersubstanzen ab. Fehlt da wirklich noch etwas? Spirulina? Kieselsäure?

Tatsächlich nehmen wir heute hauptsächlich bearbeitete Nahrungsmittel zu uns. Obst und Gemüse werden in Plantagen gezüchtet, mit Dünger und Schädlingsgiften behandelt, unreif geerntet, mit Giften konserviert. Naturbelassene Nahrungsmittel, die nicht schon lange Reisen durch die Welt hinter sich haben, werden immer seltener. Und auch biologisch angebautes Gemüse enthält kaum noch Bitterstoffe und die wertvollen Spurenelemente, die Wildkräuter tatsächlich in Hülle und Fülle mitbringen. Wozu brauchen wir die?

Der Mangel an Bitterstoffen ist der größte Verlust, den der Körper mit der Turbolandwirtschaft der modernen Zeit erlitten hat. Sie sorgen für die Produktion von Magensäften, Fermenten, Verdauungsstoffen. Sie helfen dem Körper, die Nahrung optimal zu verarbeiten und schädliche Keime, Bakterien und Viren in Schach zu halten. Und wichtiger noch: Bitterstoffe regen den Körper zur Produktion der Heiterkeitshormone Serotonin und Dopamin an. Liegt also ein direkter Gewinn, ein Glücksmoment im Kauen von bitteren Wildkräutern? »Der moderne Mensch mag keine Bitterstoffe«, sagt eine befreundete Ernährungsberaterin. »Alles soll mild, fettig oder süß sein. So geht langsam die differenzierte Zusammensetzung der körpereigenen Verdauungsstoffe zu Grunde, die Nahrung kann nicht mehr richtig aufgeschlossen werden und auch Vitaminpräparate, Calcium- und Magnesiumtabletten passieren den Körper oft ohne Wirkung.«
Dabei ist alles so einfach und vergleichsweise billig. Man nimmt eine Bahn aus der Stadt hinaus, wandert auf einem Feldweg in Richtung Waldrand, ab März gibt es die ersten Kräuter, wilde Kresse und Bärlauch, Löwenzahnblätter, Gänseblümchen, Gänsefingerkraut oder Wegerich. Danach, im Mai, Juni oder Juli, stehen sie überall, die kostenlosen verschmähten wertvollen Stoffe, die Krankheiten heilen, den Stoffwechsel ausbalancieren, die Verdauung optimieren, Beschwerden lindern und die Immunabwehr stärken, die kostenlosen Glücksbringer. Allein der Weg zu ihnen bringt

Spaß, der Körper kann sich bewegen, steht nicht mehr unter Stress, es geht um nichts und dazu steht am Ende des kleinen Ausflugs das Glück. Denn zu unserem Glück brauchen wir die Bitterstoffe und die Spurenelemente, die sich nur in Wildkräutern finden.

Heilkräuter, die glücklich machen

Bärlauch ist mit Löwenzahnblättern für die meisten Menschen das erste Wildkraut, das sie nach dem Winter zu sich nehmen, also die erste Fülle von natürlichen Stoffen, von wilden Kräften, die den Körper stärkt und reinigt und damit die Lebenskraft weckt. Die *Schafgarbe* unterstützt nicht nur ganz allgemein die Abwehrkräfte, sondern lindert auch, genau wie *Huflattich* Beschwerden der Atemwege. Schafgarbe eignet sich auch als Zutat für einen Frauentee, gegen Wechseljahresbeschwerden, Menstruationskrämpfe, zum Einpegeln einer unregelmäßigen Periode und ganz allgemein zur Stärkung der weiblichen Organe. In diesen Tee gibt man zu gleichen Teilen Schafgarbe, *Frauenmantel* und *Taubnessel* (auf einen Liter Wasser etwa einen Esslöffel von jedem Kraut). Die weiße Taubnessel, oft verschmäht und unterschätzt, ist in Wirklichkeit ein geniales Universum von ursprünglichen Heilsubstanzen, sie mildert Hitzewallungen, besänftigt einen sauer gewordenen Magen und regelt allzu starke Blutungen. Ihre ausgleichende Wirkung

Gemüt wird selten beschrieben, ist jedoch bemerkenswert. Während Bienen von Taubnesselblüten high werden, reagiert auch der menschliche Organismus mit Endorphinausschüttungen nach Taubnesseltee-Genuss.

Auch *Artemisia*, im Volksmund Beifuß genannt, kann mit Qualitäten aufwarten, die längst vergessen sind. Heute wird sie meist nur noch zum Gänsebraten gegeben, um die Wirkung des fetten Bratens auf den Magen abzufangen, doch Artemisia kann noch mehr. Beifußtee enthält die Mischung aus Bitterstoffen und heilenden Substanzen, um Magen und Darm zu beruhigen, die Verdauung zu fördern und Verdauungsfermente zu erzeugen.

Die endorphinanregende Wirkung von schwachem Artemisiatee, vor dem Einschlafen genossen, macht schöne Träume. Zu viel davon – zum Beispiel das Artemisiaprodukt Absinth – kann Hirnzellen zerstören. In den USA experimentieren Mediziner mit Artemisia, um die zerstörerischen Prozesse von Alzheimer einzudämmen. Artemisia, mit Wasser aufgekocht und ins Putzwasser gegeben, desinfiziert die Wohnung und erzeugt Harmonie zwischen allen Lebewesen einer Wohnung. In der Magie der weisen Frauen wird Artemisia Machtkraut genannt und schon im Namen Artemisia liegt ein Hinweis auf Eigenmacht und Übermut, auf Freiheit und Selbstbestimmung der Frau. Wenn das kein Glück ist!

Um die Sommersonnwende herum blüht das *Johan-*

niskraut, ein wahres Glückskraut, das Depressionen und schlechte Laune vertreibt. Man kann entweder das Kraut trocknen und mit einer Hand voll auf einen Liter Wasser Tee davon machen oder das frische Kraut in Öl legen, sodass die Wirkstoffe vom Öl aufgenommen werden. Nach etwa zehn Tagen wird das Öl abgeseiht und ergibt jetzt ein hervorragendes Wundöl. Auch bei Ohrenentzündungen wirken ein paar Tropfen Johannis- oder Rotöl Wunder.

Eines der erdgeschichtlich ältesten Kräuter ist der *Schachtelhalm*, auch Zinnkraut genannt. Blasenentzündungen werden mit einem Tee aus diesem Kraut erfolgreich behandelt. Es enthält besonders viel Kieselsäure, Silicea, und Selen und ist deshalb eines der wertvollsten Kräuter überhaupt.

Wer davor zurückschreckt, *Brennnesseln* zu sammeln und als Blasen- und Nieren-Tee zu verarbeiten, um an die nötigen Bitterstoffe, Kieselsäure und Spurenelemente heranzukommen, und wer die Kommunikation mit den Nesseln allzu schmerzhaft findet, kann genauso gut Schachtelhalm verwenden, der wie die Brennnessel und Schafgarbe auch entzündungshemmend wirkt. Für einen Tee verwendet man nur den Ackerschachtelhalm. Der Sumpfschachtelhalm, dessen Stängel an Bambus erinnert, soll nur als Zutat im Putzwasser zum Desinfizieren und zum Gläserwaschen verwendet werden (die Gläser glänzen dann wunderbar).

Kieselsäure ist der Stoff, der in allen Wesen des Universums vorkommt, die Substanz, die alle Wesen im

Universum verbindet und die Voraussetzung dafür ist, dass der Körper Glückshormone ausschütten kann. Es mag Einzeller ohne Proteinbausteine geben, aber es gibt nichts im Universum, das nicht Kieselsäure enthält. Sie ist der Kommunikationsstoff, die Glückssubstanz aller Wesen. Unsere tägliche Ernährung gibt uns zu wenig davon, wir trocknen aus, werden kommunikationsunfähig, verlieren das Wissen und die Lust, uns mit anderen Wesen auszutauschen. Leider hilft die grobe Gabe von Kieselsäure aus dem Reformhaus auch nicht weiter. Was wir brauchen, ist die feine, komplexe Struktur wilder Kräuter, die Kieselsäure enthalten, weil wir so gleichzeitig das Wissen um die Verbindung zu allen Wesen aufnehmen. Der Verlust dieser feinstofflichen Verbindung erzeugt eine unstillbare Sehnsucht, die im Allgemeinen mit Religion befriedigt oder eben nicht befriedigt wird. Wer einmal die Menschenmassen gesehen hat, die religiösen Führern huldigen, weiß, wie stark das Bedürfnis nach spiritueller Nahrung, nach Verbindung, nach Eingebundensein in universelle Ganzheit ist. Menschen rennen hinter Gurus her und opfern ihnen alles, um diese Illusion zu bekommen. Je mehr wir uns jedoch mit der Natur verbünden und in ihr die universelle Weisheit entdecken, umso weniger brauchen wir die Täuschungen und Illusionen, die selbst ernannte Führer uns aufdrängen wollen.

Für einen Kräuterspaziergang besorgt man sich am besten einen Pflanzenführer, in dem die Pflanze abgebildet ist und die Gefahren und die Heilwirkungen von Pflanzen mit ihrer genauen Erscheinungsform beschrieben sind. Natürlich kann man Kräuter sammeln und trocknen, aber am wertvollsten sind sie, wenn man sie direkt vom Boden pflückt und kaut, alle wertvollen Vitamine und Spurenelemente, Heilsubstanzen, Kieselsäure, Glücks- und Bitterstoffe sind dann voll erhalten. Je weiter Kräuter von ihrem ursprünglichen Standort entfernt sind und je mehr Zeit zwischen dem Pflücken und dem Körperkontakt vergeht, umso mehr verlieren sie von ihrer Kraft.

Etwa ab Mitte August sollen keine Heilkräuter mehr gepflückt und verarbeitet werden, weil sich bei vielen Kräutern unerwünschte, manchmal sogar giftige Stoffe bilden. Deshalb gilt der 15. August, Mariä Himmelfahrt, in Bayern und im Alpenraum als Kräuterweihtag, als »Frauenbuschel«-Tag. In der katholischen Tradition werden an diesem Tag die Kräuter gesegnet. In den Bräuchen der wilden Frauen werden die Kräuter zu Sträußen gebunden und in einem Ritual den Göttinnen und den wilden Kräften gezeigt. Mit meinen Freundinnen tanze ich dann gern um ein Feuer und wir rufen die Energien, die wir uns in diesen Sträußen wünschen. Wir rufen das Glück, das dann bis zum nächsten Jahr bei uns wohnen soll.

Märchenhaftes Glück

Wenn sich in einem Märchen jemand auf die Socken macht, um sein Glück zu finden, dann muss man sich das durchaus nicht wie einen Sonntagsspaziergang vorstellen. Nehmen wir den »Mann in allen Farben«, er ist einer von sieben Söhnen und als der Vater stirbt, erben alle einen Louis d'Or, also ein Goldstück, nur für ihn ist nichts übrig. Er muss also losziehen und sein Glück machen und das macht er, indem er so schreckliche Erlebnisse hat, dass man sie heutzutage als besonderen Horror in einer Boulevardzeitung lesen würde. Wir glauben nämlich, Glück sei das, was einem in den Schoß fällt, was uns zufällt wie ein Lottosechser oder eine Erbschaft. Niemand denkt daran, dass es ein Glück ist, mit Glück überhaupt umgehen zu können.

Vielleicht sagt deshalb der Dalai Lama, dass es ein großes Glück ist, wenn die Wünsche, die einem auf der Seele brennen, nicht in Erfüllung gehen. Man stelle sich die brennenden Wünsche vor, die wir als Pubertierende/r hatten. Wie heiß brennen die wohl heute noch? Würden wir uns nicht herzlich bedanken, wenn wir den lockigen Metzger geheiratet oder die kleine Bruchbude gekauft hätten und darin jetzt wohnen müssten! Hätte meine Oma das Geschäft behalten, das sie hatte, wäre ich wohl heute Geschäftsfrau, verkaufte Schmierseife und Seile und hätte vielleicht eine Schleckerfiliale, weil die großen Firmen die kleinen heute aufkaufen. Da gebe ich dem Dalai Lama sofort Recht.

Goldhärchen und Goldsternchen in dem gleichnamigen Märchen müssen aus einem Zaubergarten zum Beispiel eine gläserne Glocke von einem Baum nehmen und diese so rechtzeitig nach draußen bringen, dass sich das Tor nicht für immer schließt. Wer tut sich so einen Stress an und warum sollte das Glück bringen? Märchen gehen davon aus, dass Glück etwas ist, was am Ende einer Einweihung, eines magischen Initiationsweges so langsam aufblüht. Und nur weil man diese schwierige Reise wagte, kann man das Glück dann erkennen.

Nehmen wir zum Beispiel das Märchen Schneewittchen. Wer möchte das Schicksal dieser Frau teilen! Nicht genug, dass sie ihre Mutter verliert, soll sie auch noch vom Jäger umgebracht werden, mit dem sie arglos in den Wald geht. Sie landet bei sieben Zwergen und dient ihnen als Haushaltshilfe und hat auch noch die Attacken der Stiefmutter zu erdulden. Was sich in einer Zeitung wie blanker Schrecken lesen würde, ist

uns als Märchen durchaus plausibel. Das Mädchen liegt in einem Glassarg und nur weil beim Transport der Sarg so wackelt, kommt der vergiftete (!) Apfel wieder aus der Gurgel und dem Happyend steht nichts mehr im Weg. Nur was für ein Happyend? War nicht die Reise bis dahin viel spannender? Nun soll sie an der Seite des Prinzen einfach nur repräsentieren?
Noch suspekter ist die Rumpelstilzchengeschichte. Der Vater prahlt, dass die Tochter Stroh zu Gold spinnen kann. Der König lässt sie kommen, weil er so gierig ist, dass ihm sein eigener Reichtum noch nicht genügt. Sie bekommt es irgendwie hin, dieses Stroh gesponnen zu bekommen, mit Hilfe eines Waldgeistes natürlich, und als sie das Kind gebiert, das sie dem Rumpelstilzchen geben müsste, wenn sie seinen Namen nicht erraten würde, trickst sie den kleinen Geist aus, belauscht ihn. Blöd, wie er ist, singt er seinen Namen. Sie hört ihn, ihr Glück ist vollkommen. Aus Stroh wurde Gold, aus der Müllerstochter die Königin, aus Rumpelstilzchen wurden zwei Hälften, weil es sich entzweiriss vor Wut, und aus dem König wurde gar nichts. Der bleibt, was er war: ein geldgieriger Angeber. Glück? Kann man nicht sagen. Eher eine jämmerliche Aufsteigergeschichte. Vorsichtshalber hört das Märchen bei der Hochzeit auf, wenn die Schwierigkeiten wahrscheinlich anfangen. Na ja, das muss uns nicht interessieren. Ist ja eine uralte Geschichte und vermutlich sowieso nicht wahr.
Spannend dagegen ist Hans im Glück. Er fängt mit

Geld an und landet bei gar nichts. Und dann ist er auch noch froh, dass er jetzt so leicht ist und nichts tragen muss. Das ist möglicherweise die richtige Einstellung. Glück hat nämlich nichts mit Besitz und Geld zu tun, sondern mit Begeisterung, mit Freude, mit Lachen, mit Übermut und Wonne.
Die Freude von Hans im Glück kann ich zum Beispiel sehr gut nachempfinden. Als ich gerade überhaupt kein Glück und deshalb einen Tumor im Bauch hatte, musste ich mich operieren lassen. Danach sehnte ich mich nach der Wüste. Ich dachte an all die Märchen, in denen weite, anstrengende Reisen Wege ins Glück wurden. Ich wollte also so eine weite, anstrengende Reise in die marokkanische Wüste machen, durfte allerdings nur drei Kilo tragen. Einen ganzen Tag lang wog ich die notwendigsten Dinge und reiste mit drei Kilo los. Nie war ich müheloser gereist. Nie war ich beweglicher und fröhlicher. Und nie gab es weniger zu stehlen. Nicht dass es jemand versucht hätte, auch früher nicht. Doch das kleine Beutelchen, das an meiner Schulter hing, interessierte wirklich nicht einmal die traditionell verführbaren pubertären Jungs.
Glück ist in fast allen Märchen als Unterweltsfahrt angelegt und so enthüllt sich Glück als magische Substanz: Erst durch die Reise in die Unterwelt, durch die Initiation, die Bewältigung der Schrecken und dann, noch wichtiger, durch die Rückkehr in die Menschenwelt kann sich das Glück verwirklichen.
Nehmen wir zum Beispiel die Feenhügel in Irland.

Viele Märchen ranken sich um diese Hügel der kleinen Leute. Einerseits darf man sie nicht rufen und »kleine Leute« (little people) nicht sagen, andererseits ist es ein unglaubliches Glück, wenn man ihnen zufällig begegnet und das Richtige tut. Ja, das ist auch ein Kennzeichen des Glücks, dass man, wenn man auf es trifft, unbedingt richtig handeln muss. Im Fall der Feenhügel darf man auf keinen Fall etwas Angebotenes essen, weil man sonst in ein Zeitloch fällt und mit grauen Haaren wieder auftaucht in eine Welt, in der sich niemand an einen erinnert. Man darf nicht frech fragen und schon gar nicht neugierig sein oder wenn man es ist, darf man es nicht zeigen. Singen und musizieren kommt sehr gut an bei den Feen, das darf man nicht nur, dafür wird man dann reichlich belohnt.
Trifft man auf die BabaYaga oder auf eine wilde Frau, eine Waldfrau oder des Teufels Großmutter, dann sollte man lieber nicht singen und musizieren und auch keinesfalls etwas fragen oder neugierig sein. Beherzt schon. Das heißt, das Herz auf dem rechten Fleck haben, nicht zu forsch und nicht zu zögerlich soll man sich nähern, Aufgaben, die einem aufgetragen werden, soll man ohne zu murren erfüllen, auch wenn sie völlig irrwitzig sind, also zum Beispiel sollte man sich flugs an die Arbeit machen und ein Schaff mit Getreide füllen, das keinen Boden hat, Linsen von Steinchen trennen und Pferde hüten, die in der ersten Viertelstunde schon bis ans Ende der Welt abhauen. Wer da gleich zu weinen anfangen will, hat sein Glück und

icht auch das Leben verspielt. Also, wer nah am Wasser gebaut hat und etwas zimperlich veranlagt ist, sollte sein Glück gar nicht erst herausfordern und weiter bei Opel, Siemens oder BMW arbeiten und einmal im Jahr drei Wochen nach Mallorca fahren. Wer allerdings ein bisschen spinnt und die Jagd nach dem Glück als Lieblingsbeschäftigung empfindet, wer zäh und beweglich zugleich ist, nicht gleich losheult, wenn Höllenhunde mit Augen, so groß wie Scheunentore, daherkommen, kann mal so etwas versuchen wie der Soldat in dem Märchen »Das blaue Licht«. Es braucht allerdings Nerven wie Drahtseile, noch vom Galgen herab das richtige Losungswort zu rufen oder das Vertrauen zu haben, dass ein Geist daherkommt und das Leben freundlicherweise noch etwas verlängert.

Glück ist also eine Substanz, die zwischen der Körperwelt und der Traumzeit ausgebrütet wird. Die erste Station auf dem Weg zum Glück ist in fast allen entsprechenden Märchen die Demütigung. Die winzig kleine kugelrunde Tschiklemfusa zum Beispiel dient am Hof des Königs. Der Sohn soll sich verheiraten und Tschiklemfusa ist in ihn verliebt. Sie ist nach herrschenden Schönheitsvorstellungen hässlich, denn sie ist klein, verwachsen und hinkt. Das Märchen könnte also nach dem ersten Satz zu Ende sein. Tschiklemfusa ist in den Prinzen verliebt, der natürlich kein verwachsenes Mädchen heiraten wird, das in der Küche putzt. Ende. Oder? Zufällig kann Tschiklemfusa zaubern und ist vielleicht gerade deshalb nicht von schöner Gestalt, weil Magie sich immer tarnt. So auch beim Zwerg Nase, der durch seine hässliche Gestalt zur fantastischen Kochkunst findet und damit sein Glück macht. Wäre er hübsch geblieben, hätte er nie kochen gelernt, weil er gleich geheiratet hätte, und seine Frau hätte dann gekocht. Zurück zur kleinen Tschiklemfusa. Sie kann natürlich ihre Gestalt wandeln und als atemberaubende Schönheit zum Tanz kommen. Der Prinz wird liebeskrank und weiß nicht, dass seine Angebetete die Kuchen fürs Frühstück formt. Als sie ihn anspricht, wirft er sogar mit einer Schuhbürste nach ihr, was sie zu dem kleinen Scherz inspiriert: »Ich komme aus dem Land der Bürsten«, als er sie beim nächsten Ball nach ihrer Herkunft fragt. Ach, Männer sind ja so blind! Wenn er genau hinsehen würde, müsste er dann nicht die Augen, den Schalk darin erkennen? Am Ende bekommen sie sich und das Glück kennt keine Grenzen. Aber wird sie nicht immer denken: Warum hat er mich in meiner unscheinbaren kleinen Gestalt nicht geliebt? Meint er mich überhaupt? Oder meint er seine eigene eitle Selbstverliebtheit? Na ja, solche Fragen werden in Märchen natürlich nie gestellt. Dagegen kommt es öfter mal vor, dass Männer oder Frauen in die Wildnis gehen, über gläserne Berge zum Beispiel auch, um dort einen Schatz zu finden und ihr Glück zu machen. Sie müssen wilde Tiere, Riesen und Unterweltskreaturen überwinden, im richtigen Augenblick an die Felswand klopfen, das Richtige aus der Höhle holen und das ist wirklich nie Geld, Edelsteine oder Schmuck, sondern meistens ein Haselzweig oder ein altes Paar Schuhe oder ein schlichter Umhang, nichts Spektakuläres jedenfalls. Das ist bitter. Man steht in einer Höhle, die vor Gold und Silber und Edelsteinen strotzt, vielleicht wird man den Weg nie mehr finden, aber man darf nichts davon nehmen, auf gar keinen Fall. Das Glück ist also nicht, dem Glanz zu verfallen und noch ein paar Millionen zu scheffeln, obwohl sie herumliegen.

Einem armen Mädchen trägt eine Waldfrau auf, sich ein paar Steine aufzulesen zur Belohnung, weil es ihr geholfen hat. Ist das Mädchen jetzt zu faul, die Steine mit nach Hause zu nehmen, dann hat es sein Glück verspielt, denn zu Hause entpuppen sich die scheinbar wertlosen Steine als Goldklumpen oder vielleicht als Opale oder Kristalle oder Diamanten. Diese Märchen haben ja sogar einen wahren Kern. Früher erkannten die Menschen den Wert von Edelsteinen nicht. Sie fanden vielleicht im Gebirge einen riesigen Smaragd und warfen ihn nach ihren Kühen, damit die vom Abgrund weggehen sollten. Darüber konnten sich die »Venedigermanndl«, die kleinen Steinhändler aus Italien, halb tot lachen. Glück will nicht nur gefunden, sondern auch erkannt werden. Das habe ich einmal in Tibet erfahren. Eine Frau kam auf mich zu und hielt mir einen Stein an einer Schnur hin. Damals wusste ich nichts über tibetische Steinperlen. Die Frau brauchte dringend Geld, ich gab es ihr, sie gab mir den Stein. Später sagte mir ein Händler, das sei ein sehr wertvoller Gzi-Stein, eine in alten Zeiten geätzte Achatperle, die als Glücksbringer gilt.

Manchmal tarnt sich das Glück auch. Ein alter Weinbauer liegt in einem Märchen im Sterben. Er ruft seine drei Söhne zu sich und sagt ihnen, dass er jetzt sterben werde und dass im Weinberg ein Schatz in der Erde liege. Tatsächlich stirbt er. Die Söhne fangen an, den Weinberg umzugraben. Sie finden den Schatz nicht, aber in der umgegrabenen Erde gedeihen die Reben besonders gut. Im nächsten Jahr machen sie sich wieder daran, den Schatz zu suchen, und graben den ganzen Berg um. So geht es Jahr um Jahr. Ihr Wein ist ausgezeichnet und sie machen ein kleines Vermögen damit. Den Schatz finden sie nie. Doch der Schatz war in Wirklichkeit die Arbeit des Umgrabens. Der schlaue Vater wusste, dass sie die Arbeit nicht genauso gern getan hätten, wenn er einfach gesagt hätte, sie sollen den Weinberg nicht verkommen lassen.

Ähnlich weise ist das Märchen vom Zauberring. Eine alte Königin vermacht ihrer Tochter einen Zauberring. Sie sagt: Er enthält nur einen Wunsch. Deshalb denke immer gut nach, ob du für deinen Wunsch wirklich den Ring brauchst. Hast du den Wunsch einmal ausgesprochen, erfüllt er sich, aber der Ring ist danach wie jeder ganz gewöhnliche Ring. Die Tochter verabschiedet sich von der sterbenden Mutter. Nachdem sie begraben ist, fängt die Tochter an, ihr Leben zu organisieren. Jedes Mal denkt sie: Jetzt bitte ich den Ring, mir zu helfen. Doch jedes Mal schafft sie es allein. Als sie sehr alt ist, gibt sie den Ring lächelnd an ihre Tochter weiter und sagt ihr das Gleiche, was schon ihre Mutter ihr gesagt hat. Und im Geheimen weiß sie, dass das Glück des Rings in der Herausforderung liegt, sich dem Leben selbst zu stellen und das Glück selbst zu machen.

Der G-Punkt in der Geschichte

Alexander der Große machte seine Soldaten glücklich, weil er einen Helm voll Wasser mit ihnen teilte – mag sein, beweisen kann ich es nicht, ich war nicht dabei. In den matriarchalen Siedlungen war es deshalb so paradiesisch, weil es keinen Kampf und keinen Krieg gab und die Frauen das Sagen hatten – mag sein, alles deutet sogar darauf hin, denn was Wissenschaftler ausgegraben haben, lässt nur diese Schlussfolgerung zu.

Und falls ich dabei gewesen sein sollte, kann ich mich jedenfalls heute nicht daran erinnern, was ja auch das Problem mit Reinkarnationen ist. Falls es Reinkarnationen gibt, ist es sehr, sehr schwer, an das letzte Leben anzuknüpfen, die alten Verhaltensweisen zu reflektieren, alte Fehler nicht zu wiederholen und weiser zu werden als beim letzten Mal. Wenn wir davon ausgehen, dass Reinkarnationen tatsächlich stattfinden, dann könnte es natürlich sein, dass einige Fähigkeiten dann gleich mit geliefert werden, wie

Trancen in der Kindheit oder Sprachbegabung oder mathematisches Genie. Sicher wissen wir das aber nicht. Es kann mir vielleicht ein Trost sein, dass ich in einem anderen Leben Priesterin war, wenn ich jetzt für reiche Leute putzen muss, wirklich befriedigend ist diese Vermutung allerdings vor allem dann nicht, wenn sie sich nicht zu einer Jetzt-Zeit-Erfahrung verdichten lässt.

Es gibt einen Comic von P-Gay, bei dem ein paar Hühner vor einer Hühnerbraterei stehen und sagen: Wer an Reinkarnation glaubt, kann so weiterwursteln wie bisher, alle anderen treffen sich nach dem Mittagsschlaf zu einem Brainstorming. Ich finde das nicht komisch, weil Reinkarnation ja nicht bedeutet, dass es egal ist, von wem man gebraten und gefressen wird. Vielmehr ist der Beweis für alles und die Erfüllung von allem immer jetzt oder nie. Also in diesem Leben. Wenn auch die Religionen ihren Schafen paradiesische Zustände vom Paradiesgarten der Christen bis zu den zwölf Jungfrauen für Selbstmordattentäter im fundamentalistischen Islam versprechen: Die Kirchensteuer und die Leistungen verlangen sie gleich hier und jetzt. Das sollte zu denken geben. Wenn Reinkarnationen abgemachte Sache sind, warum kann ich dann dem Priester meine Abgaben nicht im nächsten Leben geben? Jedenfalls steht eines fest: Alles, was gelebt, wahrgenommen, verändert, verwirklicht werden soll, braucht das Jetzt, braucht den Körper.

Ende der Sechzigerjahre hielt ich mich mit meiner Schwester in London auf. Wir saßen auf dem Trafalgar Square, um uns herum Hippies – ein Phänomen, das ich zum ersten Mal sah. Ich hatte gerade eine nicht so entspannende Erfahrung als Aupairgirl hinter mir, die nur dadurch einigermaßen erträglich war, weil ich gelegentlich für den Manchester Evening Star schreiben durfte und so den Traum nähren konnte, Journalistin zu werden. Hier saßen nun völlig entspannt junge Menschen in meinem Alter, die nichts arbeiten wollten, die ganz unverhohlen kifften und lächelten und irgendwie gut drauf waren. In einem Anfall von profunder Verunsicherung und vielleicht auch weil ich Journalistin werden wollte, fragte ich einen der blöde lächelnden jungen Männer, warum er hier herumgammle. Denn früher nannten wir entspannte junge Leute ohne Arbeit nicht Arbeitslose, sondern Gammler. »Mich dürfen Sie nicht fragen«, sagte der. »Ich bin Tourist genau wie Sie.« Schon sah ich mein erstes Interview gescheitert, da mischte sich ein Typ mit langen Haaren ein, der etwas säuerlich roch. »Wir liegen hier herum«, sagte er, »weil es nichts zu tun gibt. Oder hast du es noch nicht bemerkt, dass alle, die etwas tun, Scheiße bauen? Wir wollen nichts tun, nichts zerstören, nichts aufbauen, nichts manipulieren, nicht eingreifen. Wir wollen einfach nur glücklich sein.« Die Frage bot sich an: »Und, seid ihr glücklich?« Er fixierte mich kurz etwas unbehaglich und streckte dann die Hand aus.

»Wenn du mir Geld für ein Bier gibst.« Ich gab es ihm nicht und dachte nach.
Kaum zu Hause beschloss ich, auch zu gammeln. Ich hatte genug von der Plackerei. Wir saßen bei meiner Mutter um den Kaffeetisch. Ich war erst achtzehn und früher wurde man erst mit einundzwanzig volljährig, sodass ich irgendwie trotz meiner unbeschreiblichen Abenteuer immer noch kurz zu meiner Mutter zurückkehrte, die darüber sehr froh war und sich eine Einschätzung meiner Erfahrungen verkniff. Meine Oma, meine Tante, meine Schwester, meine Mutter und ich aßen den fantastischen Apfelkuchen meiner Mutter, als ich verkündete: »Ich werde eine Gammlerin. Arbeiten ist doof. Das Leben ist so schön und niemand genießt es wirklich. Stellt euch vor, wenn ihr morgen tot umfallt, was habt ihr dann vom Leben gehabt?« Ganz fair war das nicht. Meine Mutter hatte keine Wahl gehabt, mit zwei Kindern und einer Mutter ohne Rente musste sie sich abrackern, um alle durchzubringen.
Glücklicherweise war ich nicht mehr von ihr abhängig. Ich arbeitete zwar nicht, aber ich jobbte. »Arbeiten muss man«, sagte meine Tante, Lohnbuchhalterin, Ketternraucherin, die eigentlich auch nicht gerade angepasst lebte mit ihren Liebhabern, ihrem Motorrad und ihren Tischtennismeisterschaften. »Das ist doch bürgerliche Gehirnwäsche«, sagte meine Schwester, die damals schon die durchdachten Argumente hatte, die mir immer fehlten. »Das Leben ist dazu da, dass

wir es genießen«, sagte ich. »Ich werde immer irgendwie durchkommen. Aber auch wenn ich mal arbeite, muss ich deshalb die Arbeit nicht verherrlichen.« – »Da wären wir ja alle blöd, wenn wir arbeiten gehen«, sagte meine Tante aufgebracht (es war typisch für meine Mutter, dass sie zwar zuhörte, aber nicht eingriff). »Ihr seid blöd«, riefen meine Schwester und ich gleichzeitig. Das war eine Art Durchbruch. Dieser Satz sollte sowohl in meiner Tante als auch in meiner Mutter noch tief greifende Wirkung haben. Beide ließen sich vorzeitig pensionieren.

Und wir fingen an, über Arbeit und Nichtstun nachzudenken. Über den göttlichen Zustand des Seins, der heute schon mal Arbeitslosigkeit genannt wird und gar nicht göttlich ist. Über das Recht auf Arbeit und das Recht auf Da-Sein. Wir waren übrigens stolz darauf, dass wir nicht einfach so vor uns hin gammelten, sondern das Nichtstun mit politischen Argumenten unterfütterten. Dazu kam, dass wir uns von Reaktionären umzingelt fühlten. Alle alten Nazis lebten putzmunter in den Strukturen der neuen Bundesrepublik weiter. Wir hatten Nazilehrer, Nazirichter, Naziindustrielle. Die alte Ideologie wucherte und waberte weiter und wir sahen uns jetzt als Sand im Getriebe. Wir waren glückliche Molotow-Cocktails. Wir sprengten die bürgerlichen Ideale und probierten Lebensformen aus, die den Alten ringsum die Haare zu Berge stehen ließen. Meine Mutter besuchte mich gelegentlich in meinem Zimmer in München an der Leopold-

straße. Während sie putzte, holten wir gegenüber im »Picknick«, der damaligen Nr.-1-Hippie-Gastronomie, Erbseneintopf. Dann aßen wir zusammen und bearbeiteten meine Mutter mit den Ideen der sanften Revolution. Wenn wir sahen, dass das alles irgendwie keinen Eindruck auf sie machte, wechselten wir das Thema. Wir machten sie mit der alten Dame bekannt, die uns das Zimmer vermietete, genauer gesagt mir, aber wir lebten zu fünft darin, und dann fuhr meine Mutter einigermaßen beruhigt wieder aufs Land.
Was sie nicht mitbekam, waren die Joints, die wir uns drehten, wenn sie weg war. Dann lagen wir auf meinem großen Bett und träumten. Einmal war ein afroamerikanischer Saxophonist namens Jimmy Smith bei mir zu Besuch. Er erzählte, dass er sich an seine Geburt erinnerte. Dass er Dinge *sehen* konnte. Das erinnerte mich an meine eigenen hellseherischen Anfälle. Ich wollte Beweise. Er sah einen Unfall auf der Ludwigstraße. Eine von uns fuhr mit dem Rad hin – es stimmte. Wir fingen an, in die Dimensionen der Traumzeit zu treiben. Die Erfahrung mit LSD nährten die ersten Zweifel an der Wirklichkeit. Wenn unter Einfluss einer Droge eine Wand weich werden kann, existiert sie vielleicht gar nicht wirklich? Vielleicht gibt es nur eine Realitätsabsprache, wir haben uns daran gewöhnt, wir richten die Realität jeden Tag wieder so ein, wie wir sie kennen, doch schon eine kleine Veränderung der Hirnchemie beweist, dass alles ganz anders sein könnte. Wenn also die Veränderung der

Wirklichkeit durch Drogen ausgelöst werden kann, vielleicht wird ja die Wahrnehmung der Wirklichkeit auch durch chemische Verbindungen im Hirn erzeugt?

Während die Politiker über die faule Jugend schimpften und die Hippies schmähten, hatten wir die kreativste Zeit unseres Lebens. Wir betrachteten die Welt und die Geschichte mit dem entspannten Abstand von Träumern. Ich war die Einzige aus meiner Clique, die gelegentlich arbeiten ging. Ich war zwar an der Hochschule für Politik eingeschrieben, ging jedoch nie hin. Dafür ging ich öfter mal zum Studentenschnelldienst, um einen Tippjob anzunehmen. Aber diese Arbeiten schlugen sich nicht wirklich unangenehm nieder. Immer blieb genug Zeit, um im Englischen Garten spazieren zu gehen, Picknick zu machen, stundenlang zu reden oder zu träumen.

Die Hippiebewegung war der G-Punkt der Geschichte. Zum ersten Mal vielleicht forderten Jugendliche für sich Glück und Entspannung, und zwar nicht irgendwann nach einer Debatte der Politiker, sondern sofort. Zum ersten Mal formulierten wir im Bewusstsein der Geschichte der Menschheit das Recht auf Faulheit, auf kreatives Nichtstun. Oder jedenfalls war ich zum ersten Mal bewusst dabei, als Glück zu einem lebenswichtigen Wert erklärt wurde.

Mag sein, dass Menschen auch früher schon entspannt herumlagen und philosophierten. Diogenes scheint so einer gewesen zu sein, doch den lernte ich leider nicht

persönlich kennen. Mag sein, dass Glück immer wieder ein Thema in der Geschichte war. Wenn es wirklich so war, dann war das, was dabei herauskam, nicht besonders ermutigend. In der unmittelbaren deutschen Vergangenheit gab es den Ersten und den Zweiten Weltkrieg, die Judenvernichtung, die Perfektionierung des Massenmords, samt genauer Buchführung. In meinem Kinderhirn tummelten sich Kriegsschauplätze und Kriegsherren, weil wir im Geschichtsunterricht nichts anderes zu hören bekamen als Lebensdaten von so genannten Feldherren, Eroberern und Königen und ihre ewigen Gemetzel, wie zum Beispiel dreidreidrei bei Issos Keilerei (333, die Schlacht bei Issos).
Die Erwachsenen, die sich beschwerten, dass die Jugendlichen nichts arbeiten wollten und faul herumlagen, waren nicht einmal in der Lage, ihre Verantwortung an den Naziverbrechen aufzuarbeiten. Schweigend verdrängten sie alles und machten einfach weiter. Schweigend kehrten sie alles unter den Teppich, bis irgendjemand drüber fallen musste. Und wir fielen drüber. Aus der Hippie-Euphorie entwickelte sich nahtlos die Spontibewegung. Spaß und Nichtstun waren immer noch cool, nur jetzt wollten wir Tacheles reden und die rechthaberischen Erwachsenen an ihre Verbrechen erinnern, Ungerechtigkeiten ein für alle Mal beseitigen. Der Anspruch der 68er-Generation war hoch. Dass seine Umsetzung irgendwie in die Hose ging (ein Hausbesetzer wie Joschka Fischer, der als Regierungsmitglied die pragmatischen Schritte ei-

ner Regierung rechtfertigen muss, war nicht gerade unser Traumziel), spielt keine Rolle. Es gab vielleicht vorher keine Zeit in der Geschichte, in der die Jungen die Alten an Weisheit übertrafen. Auch aus dem heutigen Abstand zu dieser Zeit des friedlichen Aufruhrs, der entspannten bekifften Zeit vor RAF und bewaffnetem Kampf, vor dem Marsch durch die Institutionen, also bevor auch die Jungen ins Hamsterrad des Kriegs und des Machtwahns der Alten sprangen, sehe ich das Phänomen der Hippies, die Musik dieser Zeit, die Freiheit im Denken und die Hinwendung zu spirituellen Themen als wirkliche Veränderung. Hat es je zuvor in der Geschichte ein bewusstes Innehalten einer ganzen Generation gegeben? Hat jemals zuvor die Jugend den Alten gesagt, wie der Hase läuft? Keine Stammeskultur kennt dieses Phänomen. Vielleicht war es wirklich das erste Mal, dass Jugendliche Macht hatten, nicht Macht über andere, aber Eigenmacht, Glücksgefühl, gemeinsame Ekstase. Jedenfalls war es das erste Mal, dass ich dabei war.

Das Träumen

Wer in einer hektischen Stadt des 21. Jahrhunderts lebt, könnte den Eindruck gewinnen, das Träumen habe aufgehört. Die Erde ist überbaut, die Energien der Elemente und der Natur sind kaum noch spürbar, wenn nicht eine Überschwemmung, ein Stromausfall bei Gewitter oder ein Erdbeben daran erinnern, dass der Mensch nichts wirklich verstehen und schon gar nicht kontrollieren kann. Für jede Entdeckung der Wissenschaft tun sich Tausende von neuen Fragen auf. Jeder neu entdeckte Planet wirft neue Rätsel auf und ein Blick ins Universum zeigt uns immer nur, dass wir winzig kleine verlorene Gestalten in einem unendlichen Raum sind. Ich nehme an, das ist der Grund dafür, dass so viele Wissenschaftler tiefgläubig sind, obwohl sie doch eigentlich mit den Ergebnissen ihrer Wissenschaft eher Skepsis und Rationalität nähren müssten.

Tatsächlich ist das spirituelle Gewebe, die Traumzeit, wie die Aborigines in Australien es nennen, der magi-

sche Raum immer ganz nah bei der alltäglichen Wirklichkeit. Keine Straße, kein Wolkenkratzer, ja, nicht einmal ein Flugzeug kann die Anziehungskraft der Erde und damit ihre wirksame Energie abhalten. Wenn etwas zu Boden fällt, werden wir daran erinnert, dass diese magnetische Energie nicht nur in eine Richtung wirkt. So wie die Erde Materie zu sich zieht, so strömt auch ihre Energie in Materie ein. Wir leben nicht nur mit ihrer Kraft, auch die feine Energie des Universums begleitet uns ständig. Die Energie der Pflanzen, der Steine, des Wassers, der Luft tauscht sich mit unserer eigenen Energie aus.
Vielleicht ist uns dieses Gewebe von Energien nicht immer bewusst, trotzdem ist es da, nährt uns, trägt uns, ängstigt uns vielleicht auch gelegentlich. Wir sind verlorene Wesen im Universum. Tapfer richten wir uns in der Welt ein, versichern uns gegenseitig, dass wir die einzig intelligenten Lebewesen im Universum seien, und wenn die Ergebnisse unseres Lebens das nicht immer beweisen, frisieren wir sie ein bisschen. Schließlich sind wir die Einzigen, die wir kennen – alles, was es da draußen noch so geben mag, ist esoterischer Quatsch.
Wenn wir uns damit schon befassen, dann auf jeden Fall vernünftig, also in einer ordentlichen religiösen Form. Ordnung ist das halbe Leben. Wenn das halbe Leben nicht genug ist, machen wir eine faszinierende Entdeckung. Die andere Hälfte des Lebens spielt sich nämlich in der Unordnung ab. Im freien Zusammen-

spiel von Kräften, die nicht darauf angewiesen sind, dass wir sie verstehen. In dieser anderen Hälfte sind die spirituellen Wurzeln von allen Wesen, die existieren. Wir alle kommen aus diesem geheimnisvollen Raum und gehen wieder dorthin zurück, wenn wir mehr oder weniger erfolgreich unsere Tagesgeschäfte hier erledigt haben, wenn wir gekämpft, geliebt, gelogen, betrogen, zerstört, gemordet oder einfach nur Geld verdient oder faul herumgelegen haben. Während wir das tun, glauben wir, es gäbe gar nichts anderes. Dann erinnert uns eine vage Sehnsucht immer wieder daran, dass es doch etwas anderes geben muss. Die Sehnsucht danach, ganz zu sein, verbunden mit allem, ist so stark, dass deshalb Religionen erfunden werden mussten, um sie zu befriedigen. Die Gründer aller Religionen wollen ihre AnhängerInnen zwar immer glauben machen, dass ihre Regeln, Gebote, Verbote und Ritualanweisungen von »höherer Stelle«, also von Gott, Allah, Jahve, Tonkashila, Buddha oder ähnlichen heiligen Männern, durchgegeben wurden. Und auf der Suche nach dem Glück spiritueller Ganzheit bleiben sie dann jedoch in den Netzen der Vorschriften hängen. So oft wir auch beichten und uns kasteien, daraus wird halt keine Erleuchtung, so wie aus dem Studium einer Partitur noch keine Musik wird oder aus der Speisekarte kein Essen.

Wer kennt nicht die Enttäuschung, wenn ein in der Karte fantasievoll angepriesenes Essen in Wirklichkeit als lauwarmer Schlangenfraß daherkommt, wenn die Wirkung eines gerühmten Schönheitsmittels auf dem eigenen Körper verpufft. So groß ist die Enttäuschung auch, wenn ein pompöses religiöses Ritual nur Leere auslöst, wenn ein angeblich überirdischer Liebhaber nur ein fantasieloser Akrobat ist. Wir erkennen den Unterschied sofort. Jeder Mensch kennt ihn. Doch haben wir uns angewöhnt, das Mittelmäßige, das Verlogene, das Einfallslose, das Enttäuschende zu akzeptieren. Man kann nicht alles haben, ist eine der Bemerkungen, die den Beweis antreten, dass weniger als alles, weniger als das Ganze, das Heile, das Wunderbare eigentlich ziemlich mickrig und enttäuschend ist. Diese scheinbar vernünftige Erkenntnis, sich mit dem zu bescheiden, was angeboten wird, zerstört in Wirklichkeit die Voraussetzung, glücklich zu werden.

Wer sich mit halben Geschichten, mit lieblos hingeworfener Lebensnahrung begnügt, kommt auch schnell einmal mit der Begründung, mehr sei nicht drin, man müsse realistisch bleiben, daher. Realistisch ist das nicht. Eher drückt sich Verzagtheit oder gar mangelndes Selbstwertgefühl darin aus. Für mich ist das schon okay. Mehr bin ich nicht wert. Damit überspringt man ziemlich arrogant die Tatsache, dass man ja nicht einmal den eigenen Körper selbst geschaffen hat und möglicherweise gar nicht restlos klären kann, was man eigentlich wirklich wert ist.

Komplexe fallen auf der Suche nach dem Glück schnell ab. Denn das Glück entsteht erst dann, wenn sich frei entfalten kann, was immer schon da ist – überall. Und das entfaltet sich je weniger, je machthungriger es betrieben wird. Status, Ruhm, Anerkennung, Achtung, Verehrung, Unterwerfung führen weit weg von der freien Entfaltung spiritueller Heiterkeit und Hingabe an das Nichts, das alles ist. Interessanterweise träumen gerade mächtige Menschen oft von kleinen Erlebnissen, in denen sie »noch niemand« waren, in der Natur oder von Zeiten, in denen sie bei »ganz einfachen Menschen« tiefe Herzenserfahrungen machten.

Ganz offensichtlich brauchen wir Rituale, um den Anfang des roten Fadens in der Hand zu behalten, der uns ins Gewebe der Traumzeit führt. Für die einen ist es ein Gottesdienst, für die anderen eine geführte Bergtour, manche hungern, andere schwitzen. Es scheint so zu sein, dass man etwas leisten muss, um sich die Traumzeit, die »Erleuchtung« zu verdienen. Dabei sind die Rituale, die dafür entworfen wurden, mit der Zeit so starr, so hohl, so tot geworden, dass darin jede Hingabe mit Pflicht erkämpft wird und oft genug entweder zur psychischen Katharsis führt oder zur religiösen Anmaßung. Wer wollte einem Religionsführer widersprechen, drohen doch Verdammnis, Verstoßung aus dem Wartezimmer der Erlösung und andere unangenehme Strafen und Zurechtweisungen.

Niemand kann ohne Rituale leben, wir schaffen unsere eigenen rituellen Abläufe, die uns schützen und behüten, die uns die Wirklichkeit erträglich machen und uns trösten. Rituale leben aus der Kraft der Wiederholung. Wiederholung birgt jedoch eine Gefahr: Das Ritual kann zur Gewohnheit werden, heilige Texte werden heruntergeleiert, Lieder gesungen, die nichts mehr bedeuten. Aber Rituale sind in der Tat hilfreiche Konstruktionen, um den Übergang, die Nahtstelle zwischen der diesseitigen und der jenseitigen Welt, dem Alltag und der Traumzeit zu finden. Rituale sind Kreuzungen zwischen den Welten, die uns den Weg zum verlorenen Glück zeigen.

Wenn ich mit Frauen Rituale feiere, kommt es schon mal vor, dass es einer nicht feierlich genug ist. Solltest du nicht zuerst die vier Himmelsrichtungen anrufen? Ja, vielleicht. Aber heute habe ich dazu keine Lust. Und wer weiß, vielleicht gibt es 108 Himmelsrichtungen oder 277 und wenn ich vier rufe, sind die anderen beleidigt? Was wissen wir schon.

Und warum gehen wir jetzt nicht mit dem linken Fuß zuerst? Ja, warum? Keine Ahnung. Jede geht einfach mit dem Fuß, der gerade führen will, schlage ich vor. Das ist mir zu wenig strukturiert, sagt dann vielleicht eine. Ein Ritual ist eine vorgegebene Struktur, an die man sich halten muss. Wirklich?

Gibt es nicht schon genug Rituale, die strukturiert sind, korrekt ablaufen und nichts als tote Hüllen sind? Tote, starre Hüllen, in denen die Menschen, die darin leben wollen, die in ihre spirituelle Kraft ausschlüpfen wollen, erstickt werden?

In jahrhundertelanger pedantischer Gehirnwäsche haben die patriarchalen monotheistischen Religionen den Menschen zwei Wahrheiten eingebrannt, die niemals in Frage gestellt werden dürfen:

1) Diese Religion ist die einzige wahre.

2) Du musst ihre Rituale befolgen, weil du sonst nicht erlöst wirst.

Und Erlösung ist ein großes Thema, kein Zweifel. Wir haben alle unsere traumatischen Erinnerungen, unsere Sehnsüchte, unsere offenen und verborgenen Wunden. Erlösung ist eine prima Alternative für alles andere, zumindest scheint es so.

Die Erlösung, die überall angeboten wird, von den Religionen über Sekten bis hin zu spirituellen Gruppierungen, entpuppt sich allerdings nicht selten als eine Art heilige Butterfahrt: Du hast alle Produkte gekauft, alle Rituale mitgemacht und jetzt wartest du auf das Schnäppchen, auf das Glück, auf die Belohnung. Doch es bleibt nur ein fader Geschmack, nagende Enttäuschung, Vertröstung auf später – null Erlösung.

Vielleicht weil Erlösung einfach nicht das Thema ist. Betrachten wir Rituale einmal von einer ganz anderen Seite. In Stammeskulturen werden sie nicht gefeiert, weil jemand erlöst werden will. Rituale sind Kreuzungen, in denen sich die materielle Welt und die spirituelle Welt verbinden, vermischen. In denen die Energie in allen Körpern geweckt wird, das Unerhörte hörbar, das Unsichtbare sichtbar, das Unbegreifliche begreiflich, das Unbekannte bekannt, das Unheimliche heimlich wird. In denen wir eine Zeit, einen Ort und eine Form schaffen, um mit den Ebenen nicht materieller Lebensformen zu kommunizieren. Ritual ist Kommunikation. Ritual ist Heilung. Nicht besserwisserischer werden wir in einem Ritual, sondern heiter.

Rituale sind demokratische Zusammenkünfte. Jede teilnehmende Person bringt ihre eigene Kraft mit dazu. Ein Ritual, das spontan und aus dem Herzen gefeiert wird, macht glücklich, weil alle etwas davon haben. Es ist keine wohltätige Veranstaltung, denn alle Ritual-TeilnehmerInnen machen das Ritual in erster Linie für sich selbst, zur Stärkung der eigenen Kraft. Niemand geht weg und sagt: »Ich habe so viel für euch getan! Ich habe mich geopfert.« Denn niemand muss sich opfern.

Das sieht die Kirche allerdings ganz anders. Denn angeblich hat sich ja Jesus für alle geopfert. Wieso eigentlich? Ist das nicht eine ganz anmaßende Idee? Ich habe niemanden gebeten, sich für mich zu opfern, und opfere mich auch für niemanden, weil ich keinen Sinn darin sehe. Ich werde auch keine Rituale feiern, in denen andere Menschen wohltätigst mit Energie und Licht überschüttet werden. Ich glaube nicht an den Gedanken der Wohltätigkeit, sehr wohl aber an die Idee des Teilens. Und ich warte auf den Tag, an dem die Christen Jesus endlich vom Kreuz holen, denn dann wird das Primat des Leidens endlich fallen.

Wenn ein Ritual lebendig sein soll, dann muss die

Ordnung gelegentlich über den Haufen geworfen werden. In allen Stammeskulturen gibt es deshalb auch eine mythische Figur, die das Heilige verspotten darf. Denn erst mit dem Spott, eigentlich der Blasphemie, bewährt sich das, was uns wirklich heilig ist. Unbequeme Fragen zum Ablauf verhindern, dass aus einem lustvollen Fest eine starre Machtstruktur wird. Denn die größte Kraft eines Rituals kann auch zur Zerstörung der lebendigen Spiritualität führen. Die größte Kraft liegt in der gemeinsamen Energie und in der Wiederholung. Gemeinsamkeit kippt gern in das Ausschließen aller anderen und da sind wir dann ganz schnell beim Fundamentalismus: Wenn du es nicht so machst, wie es angeordnet wurde, gehörst du nicht mehr dazu. Auch die Wiederholung hat, wie bereits gesagt, ihre Tücken: Schnell wird das Ritual zur Gewohnheit, die entsprechenden Texte werden geleiert, die Lieder gesungen – wieso könnt ihr den Text immer noch nicht? –, die Abläufe unumstößlich festgeschrieben und dann sind wir schnell bei ReligionsführerInnen, die dafür sorgen, dass alles ordentlich abläuft.

Das Universum ist chaotisch und nur das gelegentliche Chaos ermöglicht die lebendige Erneuerung von Lebens- und Kulturformen. Natürlich ist es unbequem, weil man sich nirgends festhalten kann, weil man alles immer wieder neu betrachten und neu ausprobieren muss, aber nur so entsteht immer wieder neue Energie durch Rituale.

Bei einem sehr feierlichen Ritual, in dem wir das

Feuer in all seinen mächtigen Erscheinungsformen riefen, meldete sich schließlich ein dünnes Stimmchen: Ich rufe die Feuerwehr. Und alle wälzten sich bald vor Lachen am Boden. Ein gelungenes Ende für ein Ritual. Ein Albtraum für ernsthafte Priesterinnen!
Eines der schönsten Rituale feierte ich vor einigen Jahren in München. Von verschiedenen Frauenprojekten wurde ich gebeten, ja gedrängt, ein öffentliches Walpurgisritual zu machen. Ich willigte ein unter der Bedingung, dass die Struktur möglichst offen und unkompliziert sein durfte. Wir diskutierten die Gefahren. Rechtsradikale könnten kommen. Die Polizei könnte das Ritual verbieten (das ich nicht genehmigen lassen wollte, weil ich es ablehne, für ein Ritual eine behördliche Genehmigung einzuholen). Ich sagte: »Wenn's stimmt, ist das alles kein Problem«, und übernahm die Verantwortung.
Wir trafen uns an der Isar, über zweihundert Frauen, ein paar Dutzend Kinder und einige mutige Männer. Ich hatte einen Kupferkessel, in dem wir Münzen magisch aufladen wollten, damit Geld mit lebendiger, mitfühlender, lustvoller Energie verbunden werden konnte. Einige Frauen trommelten, alle sangen, klatschten in die Hände. Auf der Brücke standen dicht gedrängt die Münchner BürgerInnen, die sich zu einem Ritual nicht trauen würden oder die einfach zuschauen wollten. Eigentlich sollte eine Spirale entstehen, alle sollten in die Mitte zum Kessel tanzen, in dem alle Münzen lagen, die ich vorher von den TeilnehmerInnen eingesammelt

hatte. Die Spirale wurde zu einer Welle, die Welle fing an zu wogen, alle begannen zu lachen, manche stolperten, einige rollten sich am Boden. Der Kessel kippte um und das Geld fiel raus, wurde wieder eingesammelt und war jetzt mit Gras und Erde bedeckt. Es wurde so chaotisch, dass keine Struktur mehr erkennbar war. Und doch gelang, was das Herz des Rituals war: Wir kamen zusammen, hatten Spaß, fanden eine Form, die wir gemeinsam eine Weile halten konnten, sangen, tanzten, luden die Münzen auf und alle holten sich wieder eine aus dem Kessel. Alle waren glücklich.

Das Glück der Dummen?

Eine Frau lebte mit ihrem Mann in einem Häuschen. Die beiden führten so eine Ehe wie viele andere Paare. Sie schliefen in einem Bett, hatten beim Frühstück schon mal schlechte Laune, stritten sich manchmal, aber eher selten. Die Kinder waren aus dem Haus. Der Mann leitete eine Abteilung in einem großen Betrieb und die Frau arbeitete zweimal in der Woche im Geschäft einer Freundin. Finanziell hatte sie es eigentlich nicht nötig, doch sie hatte Spaß daran, mit Menschen zusammenzukommen, sie beim Einkauf zu beraten und ihr eigenes Geld zu verdienen.

Eines Tages sagte eine Freundin zu ihr: »Ich habe deinen Mann eng umschlungen mit einer jungen Frau in der Stadt gesehen.«

Diese Frau schüttelte den Kopf: »Du hast dich geirrt. Das kann überhaupt nicht mein Mann gewesen sein. Er würde das auch nie tun.«

Die Freundin sagte: »War er denn gestern so gegen sieben Uhr abends zu Hause?«

Wieder schüttelte die Frau den Kopf: »Nein, er war nicht zu Hause. Aber das heißt nichts. Um die Zeit ist er nie zu Hause, weil er so lang arbeitet.«
Die Freundin dachte bei sich: Sie will es einfach nicht wahrhaben. Ehe sie an ihrem Mann zweifelt, würde sie lieber denken, ich habe mich geirrt oder will sie absichtlich kränken.
Die Frau dachte: Ich frage mich, warum sie so darauf besteht, dass es mein Mann war. Das ist ausgeschlossen.
Allerdings wurde sie in der nächsten Zeit von mehreren Freundinnen angesprochen, mahnend, warnend. Pass auf, dein Mann geht fremd. Die Frau beschloss, mit ihrem Mann zu reden.
»Betrügst du mich?«, fragte sie also ohne Umschweife am Abend.
»Nein, ich betrüge dich nicht«, sagte der Mann ebenso gerade heraus.
»Dann ist ja alles gut«, sagte die Frau. »Es ist nur so, dass mich einige Frauen darauf angesprochen haben. Sie glauben, dich mit einer jungen Frau eng umschlungen gesehen zu haben.«
Der Mann zuckte nur die Achseln. »Ich war's jedenfalls nicht.«
Wahrscheinlich eine Verwechslung. Die Frau war zufrieden. Der Mann tat alles, um den Eindruck zu verwischen, er sei ihr etwa untreu. Er umschmeichelte sie, brachte ihr morgens Frühstück ans Bett und sie war überglücklich, einen so liebevollen, netten, treuen Mann zu haben.

An einem Morgen, als ihr Mann sich gerade wieder zärtlich von ihr verabschiedet hatte, zog sie sich hübsch an, beschloss, sich ein paar Bücher zu kaufen und verließ das Haus. Ein Auto erfasste sie beim Abbiegen und fuhr sie tot.

Tatsächlich hatte der Mann eine junge Freundin, und zwar schon seit einem Jahr. Er hatte also einen ausgeklügelten Plan ausgeheckt, um sie zu betrügen, was ihm erfolgreich gelungen war.

Als ich mit Freundinnen diese Geschichte diskutierte, konnten wir uns nicht einigen, ob diese Frau nun eine glückliche Frau oder eine arme Sau gewesen war. Oder vielleicht schön blöd, wie eine meinte. Wir stutzten über den Zusammenhang von schön und blöd.

Kann man glücklich sein, wenn das ganze Leben auf einer Lüge aufbaut? Gibt es moralische Kriterien für Glück, also zum Beispiel: Wer angelogen wird, ist nur scheinbar glücklich. Oder: Wer aus falschen Gründen glücklich ist, ist niemals wirklich glücklich? Das sagten uns in den Siebzigerjahren die marxistischen Theoretiker. Religion war Opium fürs Volk und aus Betäubung wird niemals Glück. Nun, aus dem marxistischen Realismus wurde für mich auch kein Glück; es gab nur die Materie, den Geist höchstens in einem Männerhirn, aber nicht frei schwebend als nicht materielle Essenz.

Für mich hätte das Glück der verunglückten Frau niemals funktionieren können, denn als ich betrogen wurde, merkte ich es sofort und ruhte nicht, bis ich den Beweis hatte, und kein Auto der Welt hätte, indem es mich überfuhr, verhindern können, dass ich mich betrogen fühlte, ja, dass mein letzter Gedanke der Betrug gewesen wäre und nicht das Glück.

Es scheint ja, dass es Menschen gibt, deren ganzes Glück darin liegt, einem Volksmusikstar zuzuhören, mit zu klatschen und zu schunkeln. Man kann jetzt darüber streiten, ob das die korrekte Form von Glück ist, ob man das überhaupt Glück nennen darf, ob nicht vielmehr die Variante Opium-fürs-Volk am Werk ist. Für Buddhisten liegt das Glück einzig in der Überwindung des Leidens und der Abhängigkeiten, in der Auflösung des Ich, in der Erleuchtung. Nur, wer wird in diesem Leben schon Erleuchtung erfahren?

Die meisten der sechs Milliarden Menschen haben wohl nur den Wunsch, sich möglichst ungerupft durch ihr Leben zu winden und dabei möglichst angenehme Ereignisse zu erfahren, möglichst wenig Schmerz zu erleiden und möglichst im Schlaf zu sterben. Einigen ist das zu wenig. Sie wollen reich sein, nichts arbeiten und nichts vom Leid der Welt wissen. Andere wollen sich schinden, um an die Grenzen ihrer Belastbarkeit, an die Grenzen ihrer Körperkraft zu kommen. Wieder andere versagen sich jede Bequemlichkeit und schließen daraus oft, dass sie in anderen Leben Besseres verdient haben. Also Punkte bunkern, damit sich die Qual wenigstens einmal lohnt. Was aber ist, wenn es keinen Gott, keine Göttin gibt außer uns? Wenn wir das Göttliche leben und verkörpern – oder eben nicht?

Wenn wir nicht urteilen sollen, sondern glücklich sein? Einfach nur glücklich ohne Auf- und Abrechnung, ohne selbst auferlegte Strafen, ohne Qualen? Ja, vielleicht ist es sogar unsere höchste Aufgabe zu verhindern, dass andere sich an uns schuldig machen, weil sie uns Qualen zufügen?

In Afrika leide ich immer am meisten daran, dass man nichts planen kann, dass Zukunft und Vergangenheit kaum eine Rolle spielen und alles im Augenblick geschieht. Oft kritisiere ich afrikanische Freunde, weil sie sich dieser umfassenden Struktur nicht stellen wollen, weil sie darüber lachen, wie sehr bei uns vorgesorgt und nachgesorgt, auf jeden Fall aber gesorgt wird. Wenn ich wieder zu Hause bin, leide ich am meisten am Verlust dieses Daseins im Augenblick. Dass Planung, Berechnung, Termine und Überlegungen in die Vergangenheit und in die Zukunft so eine große Rolle spielen. Und ich wünsche mir, dass ich dort ankomme, wo viele meiner afrikanischen FreundInnen natürlicherweise schon sind: im Augenblick. Und dazu gibt es ja immerhin sogar einen bayerischen Spruch, Franz Beckenbauer hat ihn gesagt, der genau diese entspannte, glückliche Hingabe an den Augenblick beschreibt: Jetzt schaun wir mal, dann sehen wir es schon.

In dieser Dimension lebt ein Paar aus einem Märchen, das mich seit meiner Kindheit beschäftigt. Stoffer und Lieschen leben am Rand eines Dorfs und sind einfache, um nicht zu sagen törichte Menschen. Aber sie sind eben glücklich. Sie sind »so dumm, dass nichts ihr Glück trübt«. Eines Tages stellen sie fest, dass sie wohl fünfzig Jahre verheiratet sind, und Lieschen will einen Brauttanz auf der Straße machen, »meine Mütz ist weg, meine Mütz ist weg oder einen Zweitritt«, sagt sie. »Wenn schon, dann einen Zweitritt, der macht am wenigsten Mühe«, sagt Stoffer. Gesagt, getan. Auf einmal ruft Lieschen erschrocken: »Du liebe Zeit, was kommt mir da unter die Füße!«

»Es wird wohl ein Igel sein«, sagt Stoffer, der sich nichts anderes vorstellen kann.

»Denk an, es ist ein Beutel mit Geld«, sagt sie.

Nun sind sie restlos glücklich, gehen in die nächste Wirtschaft und kaufen sich ein leckeres Mahl. Der Kaufmann, der den Beutel verloren hat, sitzt zufällig auch da.

»So, wann habt ihr denn den Beutel gefunden?«, fragt er die beiden.

»Als wir den Brauttanz machten, wir sind doch fünfzig Jahre verheiratet«, sagt Lieschen stolz. Da will der Kaufmann kein Spielverderber sein.

Als Stoffer bald darauf mit dem Amtmann jagen geht, findet er ein Fässchen und als er es aufschlägt, sind Goldstücke drin. Er erzählt dem Amtmann nichts von seinem Fund, doch als er nach Hause kommt, sagt er: »Denk mal an, jetzt habe ich ein Fässchen voll Gold aus dem Krieg gefunden. Aber dass du mir nichts verrätst!« Lieschen verspricht es, kann allerdings ihren Mund nicht halten und wird zu einem Verhör vor den Amtmann geladen.

Stoffer jagt einen Fuchs und einen Hecht und setzt den Fuchs in die Fischreuse und den Hecht in die Fuchsfalle. Abends sagt er zum Lieschen: »So, jetzt bringen wir das Gold in Sicherheit.«
Als sie am Haus des Amtmanns vorbeikommen, fragt Lieschen schaudernd: »Was ist da wohl drin los?«
»Da hält der Teufel Abrechnung mit dem Amtmann«, sagt Stoffer.
Sie kommen an der Fuchsfalle vorbei, in der der Hecht steckt, und an der Fischreuse, in der der Fuchs liegt.
Als das Lieschen vom Amtmann verhört wird, fragt er sie: »Wann hat denn dein Stoffer das Goldfässchen nach Hause gebracht?«
»Das war in der Nacht, als ihr mit dem Teufel Abrechnung hieltet, und in derselben Nacht fingen wir in der Fuchsfalle einen dicken Hecht und in der Reuse steckte ein Fuchs.«
»Wo ich mit dem Teufel Abrechnung hielt? Du bist wohl nicht ganz gescheit?« Wer weiß, wo der Amtmann in jener Nacht hingegangen war. Jedenfalls hatte er keine große Lust, über die Ereignisse dieser Nacht und die Beobachtung der alten Leute mehr zu hören. Er schickte die beiden nach Hause und die freuten sich, dass sie in Ruhe ihren Lebensabend genießen konnten.

Einfach sein

Als die Mauer aufging, kamen eines Tages Hunderte von Trabbis und Wartburgs nach München. Ich kam vom Land in die Stadt rein und landete in einer blauen Wolke. Ich war gerührt, irgendwie waren mir diese ostdeutschen Menschen so fremd wie Außerirdische. Sie hatten etwas Pures, Wahrhaftiges. Sie spiegelten den westdeutschen Konsumrausch in ihren fassungslosen Gesichtern. Mein Freund, der aus Leipzig stammte und ein Jahr vor der Wende ausreisen konnte, hatte mir nicht nur vom Mangel erzählt, sondern vor allem von der Stimmung der Menschen. Sie hatten zwar kein Geld, doch das Leben kostete auch nicht viel. Weil sie nicht rauskonnten, vergnügten sie sich miteinander. Und das war etwas, was ich aus meiner Kindheit kannte. Ohne Geld wird man erfinderisch.

Ich will das Geld nicht dämonisieren. Es ist magische Substanz und es ist nichts wert, wenn kein anerkannter Bezug dazu hergestellt werden kann, also kann man zum Beispiel mit CFA, dem westafrikanischen

Franc, in Europa nicht mal eine Toilette aufsuchen. Aber magische Substanzen haben eben ihre Tücken. Sie verselbstständigen sich, wenn die Menschen ihnen Macht übertragen. Die Herren, die die Welt unter sich aufgeteilt haben, sind keine wirklich gute Werbung für ihre Firma. Nirgends. Sie gehen der magischen Wirkung des Geldes, der Dinge und der Macht überall irgendwann auf den Leim. Das brachte nicht nur mich auf die Idee, die Erde könnte eine Art Prüfung sein. Ich las das zum ersten Mal bei Dante Alighieri, als er das Purgatorio und die Hölle beschrieb. Die Menschen stehen im Wasser und können nicht trinken. Die moderne Version davon ist: Die Menschen stehen vor prall gefüllten Lebensmittelgeschäften und haben das Geld nicht, um einzukaufen. Kinder sitzen im Dreck und haben nichts zu essen. Mütter halten ihre Babys auf dem Arm und können sie nicht stillen, weil sie selbst am Verhungern sind.

Bewegt man sich geistig von der Erde weg, also versucht man, das Ganze von außen und von oben zu sehen, ist die Lösung total klar und einfach: umverteilen. Es ist doch absurd, dass auf einem so kleinen Planeten eine Hälfte hungert und leidet, während die andere Hälfte vom Überfluss Herz- und Kreislaufkrankheiten bekommt. Noch absurder sind die Kriege, die geführt werden. Wer es zu ändern versucht, entdeckt bald, dass es das sprichwörtliche Fass ohne Boden ist. Was immer man oben hineinschüttet, es läuft unten wieder heraus.

Die Hoffnung wandert also zu den nachwachsenden Generationen. Doch sie wachsen in diese verkehrte Welt hinein, ihre mächtigste Erfahrung ist Schmerz. Du bist falsch. Du hast was falsch gemacht. Du hast das nicht kapiert. Du bist nicht erwünscht. Leide, dann gehörst du zu uns. Und gelitten wird ohne Ende. Wer genug zu essen hat, leidet an Liebesmangel, an Selbsthass, an scheinbar irrationalen Existenzängsten. Die meisten Menschen, die diese Erkenntnis haben, suchen spirituelle Heilung. Yoga, Tai Chi, Qi Gong, Meditation der verschiedenen buddhistischen Schulen, Zenbuddhismus mit Meditationen ins Nichts und gegen die Wand ... Der Erlösung sind allerdings auch hier schmerzhafte Grenzen gesetzt. So einfach kann's doch auch wieder nicht sein, das Glück zu finden. Also schindet man sich, um sich zu befreien. Dem liegt ein alteingesessenes zivilisatorisches, religionsinduziertes Programm zu Grunde: Du musst leiden, um erlöst zu werden. Nicht in diesem Leben musst du glücklich sein, sondern daran arbeiten, dass du in einem nächsten Leben glücklich bist. Ja, mehr noch, du musst in einem anderen Leben Mist gebaut haben, weil du jetzt so schlecht dran bist. Aus so einer Ideologie gibt es kaum noch ein Entrinnen. Wer in dieser Falle landet, kann ja nicht einmal mehr Mitgefühl erwarten. Vielleicht warst du Hitler? Warum sollte ich dir jetzt Nahrung oder Wasser geben? Du siehst vielleicht aus wie ein verdurstender Säugling, doch ich weiß, wer du wirklich bist! Klingt das wahnsin-

nig? Ja, das finde ich auch. So höre ich schon gelegentlich Männer und Frauen argumentieren. Da ist die vollkommene Glückseligkeit weit entfernt.
Nur, wie kommt sie? Nicht durch verkrampftes Meditieren zum Beispiel. Wer da sitzt und an seine wehen Knie denkt, die Sekunden zählt und – wie übrigens nicht wenige regelmäßige Meditierer – Tinnitus entwickelt, entfernt sich noch weiter vom Glück der Hingabe. Ah, Hingabe, da könnte man ja einfach mit einer netten Person ins Bett gehen. Stimmt. Orgasmus kommt dem Himmel sehr, sehr nahe. Leider dauert er auch bei tantrisch geschulten Menschen nicht allzu lang und danach ist das Bett zerwühlt und das Leid der Welt ist immer noch unerträglich. Plötzlich sieht man, dass der Auslöser der Glückseligkeit seine Socken nicht ausgezogen hat und auch ohne Socken landet man sehr schnell wieder sehr hart in der Wirklichkeit, die sich durch den Augenblick der Hingabe um nichts verändert hat.
»Das Glück ist kurz, der Kummer lang«, sagte meine Tante einmal. Diese Erfahrung deckt sich mit dem Text eines englischen Volkslieds: He is here today, he is gone tomorrow (er ist heute hier und morgen fort). Also vielleicht doch zusätzlich spirituelle Methoden, um dem Glück eine etwas dauerhaftere Struktur zu geben? Zum Beispiel Tai Chi oder Yoga: Indem wir den Geist und den Körper herausfordern und die Grenzen etwas ausdehnen, dabei den Atem verfeinern und bewusst machen, erlangen wir Glückseligkeit. Gerade

in spirituellen Bewegungs- und Geist-Schulungen, bei denen es auf Bewusstheit, auf Wahrnehmung und liebevollen Umgang mit dem Körper ankommt, finden sich oft die ehrgeizigsten Übenden. Als ich nach langer Zeit einmal wieder zu meiner ersten Yogalehrerin zurückkehrte, bei der ich die Grundlagen gelernt hatte, weil ich mittlerweile selbst Yoga in meine Arbeit aufgenommen hatte, schaute sie sich unbeeindruckt meine kleine Show an und sagte: »Sehr schön. Aber es ist nicht Yoga.« Das brachte mich zum springenden Punkt meiner Yogapraxis. Immer noch ging ich mit Ehrgeiz und einem unbeugsamen Willen an meine Grenzen und anstatt sie auf sanfte Art, heiter und liebevoll auszudehnen, immer noch zwang ich meinen Körper, meinem Ehrgeiz zu gehorchen. Und wie viele Meditierende, die Knie- und Rückenprobleme entwickeln, fehlte mir diese heitere Glückseligkeit: Es geht um nichts. Hör auf zu strampeln und zu kämpfen, sonst hörst du den Gesang des Windes nicht.

Es dauerte lange, bis ich an den Ursprung dieses Kampfes gelangte. Da lagen Sätze begraben wie: Du kannst das nicht. Alle anderen können es schon. Du bist unbegabt. Dann musst du es halt so lang tun, bis du es endlich kannst. Stell dich in die Ecke. Morgen musst du nachsitzen. Du bist nicht gut genug.

Lernprozesse waren mit Angst gekoppelt. Man konnte nicht einfach verschiedene Varianten ausprobieren, bis sich eine bewährte. Spielerisch durfte schon gar nichts sein. Adrenalin musste durch die Adern jagen, am Ende stand Anerkennung oder Vernichtung. So ist es immer noch. Lernprozesse dürfen nicht lustvoll sein. Gelobt sei, was hart macht? Nein. Gelobt sei die vollkommene Glückseligkeit des ganzen Körper-Geist-Universums.

Schon bei kleinen Kindern in den ersten Schuljahren sind Lernprozesse meistens von Anspannung, Nervosität und Versagensangst geprägt. Dafür gibt es Valium, Librium und Ritalin, Aspirin oder auch Aufputschmittel, die Kinder durch die Zeit der Prüfungen begleiten. Warum müssen Kinder zum Lernen niedergedämpft oder gar aufgeputscht werden? Lernen ist ein ursprünglicher Impuls, wir wollen lernen. Wir können auch lernen. Beobachtet man Säuglinge bei ihrer Erforschung der Welt, ihres Körpers, ihrer Umgebung, wird sofort klar, was für ein lustvoller Vorgang das ist. Die Nase, der Mund, die Haut, die Finger, alles wird einbezogen, schon ist der Zeh im Mund, die Hände greifen nach allem und das Gehirn kombiniert alle neuen Erfahrungen zu einem ganzen Universum von Körperwissen.

Wer selbst mit Leidenschaft ein Musikinstrument gelernt hat, wer aus eigenem Interesse eine Sprache gelernt hat, weiß um das Glücksgefühl, wenn das Gelernte endlich frei verfügbar, abrufbar ist.

Ich gab einmal einen Workshop für Frauen, die Körperarbeit machen, die selbst Gruppen leiten. Ich zeigte eine kleine Übung, die für diese Frauen ungewohnt war. Sie zierten sich. Sie genierten sich. Und erst, als ich vorschlug, jede Frau solle diese Übung in einem Kreis machen, in dem alle anderen sich nach außen gedreht hatten und so nicht zuschauen konnten, erst dann waren sie bereit, dieses peinliche kleine Experiment zu machen. Das zeigte mir, dass wir alle ähnlich konditioniert sind. Etwas »blöd« zu machen, ist peinlich, alle lachen dich aus. Etwas falsch zu machen, kann möglicherweise sogar unangenehm, schmerzhaft werden. Wir erinnern uns an die Strafen, die falsche Antworten und »Ungehorsam« uns einbrachten.

Doch die Erfahrung, etwas auszuprobieren und so lange damit herumzuspielen, so lange neue Möglichkeiten zu suchen, bis der Körper sich damit angefreundet hat und das Vorgeschlagene annimmt, ist ein wahres Glückserlebnis. Mein erster Handstand war von einem Endorphinschub begleitet. Nie hatte ich gewagt, auf den Händen zu stehen und dann hatte sich mit achtundvierzig Jahren das sorgfältige Vorbereiten und Vortasten gelohnt: Ich stand auf meinen Händen und meine Angst, mir beim Handstand das Genick zu brechen, war verflogen. Der Körper braucht eine Eingewöhnungszeit, er braucht die volle Aufmerksamkeit und liebevolle Zuwendung des Hirns, Ausprobieren der Bewegungsabläufe und nicht einen ehrgeizigen, verkrampften Befehl.

Glückseligkeit entsteht im Da-Sein, Wach-Sein, Hinspüren. Wie oft habe ich diese Worte gehört und wie wahr wurden sie eines Tages. Ich saß da, spürte meinen Körper, sank in meine Fußsohlen, stieg mit dem Blut durch meine Beine in den Bauch, wirbelte durchs Herz, pochte durch das Gehirn. Ich war da. Ich fühlte alles zugleich. Den Körper, die Luft, die ständig ein- und ausströmte, die Flüssigkeiten meines Körpers, die ihn weich und geschmeidig machten, die Knochen, die mir Struktur gaben, die Muskeln, die jede noch so weiche, sanfte Bewegung hielten, stark und doch elastisch und nie verkrampft. Ich spürte den Einfluss meiner Gedanken auf mein Körperuniversum. Eine Tür schlug. Wie eine Welle breitete sich der Ton in mir aus, wurde abgedämpft, verarbeitet, verklang, entschwand. Ich sank in mich ein. Es gab keine Zeit, keinen Raum, keinen Körper. Ich war einfach da und der Atem bewegte mich. Geräusche brandeten an und ab und während ich dasaß und wahrnahm, tat mein Körper seine Arbeit und brauchte mich nicht. Irgendwo in der Ferne verankerte sich mein blickloser Blick, ich hing im Universum, zwischen Körper und Unendlichkeit und ein Glücksgefühl durchströmte mich, das ich noch nie gefühlt hatte. Es war nicht einfach Glück. Es war Anstrengung und Entspannung, Lösen und Halten, Hingabe und Struktur zugleich. Es war Geschichte und das Loslassen der Geschichte. Erinnerter Schmerz und die Bedeutungslosigkeit des Schmerzes. Trauer und die Auflösung von Trauer. Freude und die Auflösung von Freude. Ich war da und zugleich nicht da. Als bestünde ich nur noch aus Schwingungen von kleinsten Partikeln. Wie eine Symphonie, die sich mächtig entfaltet und verklingt. Ich war vollkommen glückselig.

Glück ist göttlich

Die bekannteste Göttin des Glücks ist natürlich die alt-römische *Fortuna*, wer kennt sie nicht, notfalls in Kombination mit Düsseldorf (Fortuna Düsseldorf ist ein Fußballverein)? Bei den Göttinnen und Göttern des Glücks fällt auf, dass sie nicht einfach nur Glück bringen oder für Glück zuständig sind, sondern dass sie Glück in Zusammenhang mit anderen Werten setzen. So ist Fortuna nicht einfach die Glücksgöttin, sondern sie vertritt die alte Tradition, dass das Glück mit der weiblichen Kraft verbunden ist. Sie ist eine Frauengöttin, eine Orakelgöttin. Sie schüttet auch das Füllhorn aus und steht für die Kraft der Erde, die im Mythos das Weibliche ist. Sie erfüllt Wünsche und nimmt sich der Not der Frauen an. Sie wird mit einem Steuerruder (sie ist also am Ruder), mit einer Kugel (ihr Bezug zum Universellen, zum Vollkommenen), mit dem Füllhorn, mit einem Rad (das Wechselhafte) dargestellt.

Wer Fortuna rufen will, sollte einen Erdaltar gestalten,

Blumen, Blätter, bunte Farben und Steine könnten darauf liegen.
Ganz anders ist das Glück bei *Ganesha*, dem Elefantengott, angesiedelt. Es gibt in Indien wohl keinen Laden, der nicht ein Bild oder eine kleine Statue von Ganesha aufgestellt hätte. Denn Ganesha sorgt für Wohlstand. Er lässt die Geschäfte gelingen und bringt alles zum Blühen. Er gilt auch als Gott der Schreibkunst und der Intelligenz, manchmal wird er auch vor Reisen angerufen. Ganesha wird am besten mit Bildern von Elefanten oder einer Ganeshafigur gerufen.
Besonders interessant finde ich *Kulitta* und *Ninatta*, die Begleiterinnen der hurritisch-hethitischen *Ishtar*. Sie bringen Glück in Liebes- und Familienangelegenheiten. Die Triade Ishtar, Ninatta und Kulitta stellt natürlich die alte mythische dreifache Göttin dar. Aber hier ist es nicht die Tochter, die Mutter und die weise Alte, sondern die Göttin mit ihren beiden närrischen Gespielinnen, die für Lachen und Liebe sorgen. Ein Bild der dreifachen Göttin, vielleicht selbst gemalt, oder rote Früchte und Kerzen könnten einen Altar für die drei Göttinnen schmücken.
Amalthea, die griechische Ziegengöttin, ist nicht auf den ersten Blick als Glücksgöttin erkenntlich. Sie ist die göttliche Ziege, die Zeus nährte und die heute als Stern (Capella, im Sternbild Fuhrmann) am Himmel leuchtet. Ihr abgebrochenes Horn ist das Füllhorn, aus dem sie Wohlstand spendet. An Ziegen finde ich erwähnenswert, dass sie einen außerordentlich feinen

Geruchssinn haben, dass sie im Kargen überleben können und sehr intelligent sind. Wer Amalthea und damit das Glück im Kargen, Durchhaltevermögen und das Strahlen in der Dunkelheit rufen will, könnte irgendwo im Freien einen kleinen Altar für Amalthea aus Blätter und Ziegenhörnern errichten und sie nachts rufen. Im Sahelgebiet und in der Wüste Sahara kann man überall kleine Gefäße, mit Ziegenhörnern geschmückt, finden. Das Öl vom Ziegenbaum, Huile d'Arganier, vermittelt das Ziegenglück, das unter die Haut geht.

Habondia ist die römische Göttin der Fülle, der Ernte und des Reichtums. Sie schenkt Übermut, Überfluss und überschäumende Freude. Als Erntegöttin ist sie dem Hochsommer zugeordnet, der Schnitterzeit. Gerufen wird sie mit Ähren und Feldfrüchten, mit Nüssen und Äpfeln. Gesang und Tanz liebt sie besonders.

Sarasvati, die indische Flussgöttin, wird als Glücksgöttin verehrt, weil sie alles in Fluss bringt und im Fluss hält, weil alle Ströme von ihr gelenkt werden und sie auch das Geld ins Fließen bringen kann. Vor allem Immobilienhändler verbünden sich in Indien mit Sarasvati. Sie ist auch die Göttin der Beredsamkeit und Weisheit. Das Glück, das sie bringt, hat damit zu tun, dass man sich selbst gut darstellen und seine Belange gut formulieren kann. Verehrt wird sie an Quellen, Flüssen und mit Lichtschiffchen auf dem Wasser. Meistens wird sie auf einer Lotusblüte dargestellt, deshalb kann ein Altar für sie mit einer Schale Wasser und einem Bild einer Lotusblüte geschmückt werden.

Laima, eine lettische Glücksgöttin, ist genau wie Fortuna in erster Linie eine Beschützerin und Förderin der Frauen. In Litauen heißt es, dass es nur in den Häusern Glück gibt, wo Laima verehrt wird. Manchmal erscheint sie dort auch als dreifache Göttin, die drei Laimas, und wird mit den Moiren, den Nornen und den Parzen (den griechischen, germanischen und römischen Schicksalsgöttinnen) verglichen bzw. gleichgestellt. Sie kann mit Getreide, mit einem roten Faden, mit den vier Elementen auf einem Altar gerufen werden.

Fukurokuju, japanischer Glücksgott, hat im Namen gleich das ganze Programm, das er repräsentiert. *Fuku* heißt Glück, *roku* Reichtum und *ju* langes Leben. Mit Kranich und Schildkröte beglückt er die Menschen. Wer ihn rufen will, kann einen Altar mit Bildern von Kranich und Schildkröte, aber auch mit einer Schriftrolle (mit Wünschen zum Beispiel) gestalten.

Wer SchatzhüterInnen und DämonInnen anrufen will, um Schätze zu erlangen, sollte sich erst einmal klar darüber werden, ob Reichtum wirklich das Thema ist. Wozu Geld scheffeln, wenn man eigentlich nur verreisen will und sich eine Reise wünschen könnte? Wozu Schätze anhäufen, wenn es um Glück geht, um ein sorgloses Leben oder Befreiung von unerträglichen Lasten. Glück und Reichtum waren schon immer eine schwierige Verbindung. Es gibt wenig Menschen, die sich dem Sog des Geldes entziehen können. Geld hat die Wirkung, den Wunsch, ja die Gier nach mehr in die Herzen einzupflanzen. Die folgenden dämonischen SchatzbringerInnen sind deshalb mit Vorsicht zu genießen. Manchmal warten sie nur darauf, schwache Menschen in ihren Bann zu ziehen. Wer aber beherzt, heiter und närrisch mit ihnen umgeht, kann sehr wohl das Glück bei ihnen finden. Und vielleicht ist es dann nicht Reichtum.

Ekajata, zornvolle buddhistische Göttin, mit dem einen Haarschopf, einköpfig, dreiäugig, von blauer Farbe und mit einem Tigerfell dargestellt, ist eine mythische Verwandte der indischen Göttin Kali. Sägemesser und Schädel sind ihre Attribute. Sie hält ein Grauen bereit, das ein Kettensägenmassaker zu einem harmlosen Betriebsausflug macht. Sie wird gelegentlich auch Ugra-Tara, die schreckliche Tara, genannt. Warum ist sie dann eigentlich eine Glücksgöttin, mag man da beunruhigt fragen, zumal sie auch mit Pfeilen und Schwertern dargestellt wird. Wer sich mit ihr befreunden kann, wer sie verehrt und liebt, kann mit ihrer Hilfe rechnen. Sie schenkt ihren treuen FreundInnen die Begabung, glücklich zu sein.

Ladon, der Schlangendrache der griechischen Mythologie, bewacht im Garten der Hesperiden den Baum mit den goldenen Äpfeln. Um ihn zu überlisten, muss man entweder überirdisch schön singen, unhörbar leise schleichen oder rotzfrech durchstarten können. Ladon fordert also die Geschicklichkeit und die List heraus. Als Preis winken die goldenen Äpfel. Viele Märchen und Mythen ranken sich um diesen Garten

und fast immer geht es darum, das Ziel ins Auge zu fassen, nicht zu zögern, sich nicht ablenken und nicht einschüchtern zu lassen, beherzt, aber nicht gemein zu sein und vor allem: schnell. Drachen- und Schlangenbilder auf einem Altar und Glöckchen können Ladon gute Laune machen.
Ich habe mich gerade mit *Stihi* befreundet, einer albanischen Drachengöttin. Sie spuckt Feuer, bewacht einen großen Schatz und liebt es, gekrault zu werden. Auch Gesang und Tanz mag sie, wahrscheinlich weil sie zu viele Kämpfe erleben muss. Stihi ist eine uralte Göttin aus der Zeit, als es noch keine Menschen gab. Sie schützt Kostbarkeiten vor den Menschen und mit ihr in Kontakt zu treten ist nicht gerade einfach, weil sie Menschen nicht liebt. Am besten besucht man sie in einer Trance und spricht in der alten Sprache zu ihr. Wer das nicht kann, lässt es am besten ganz bleiben.
Um Glück auf einer ganz anderen Ebene geht es bei *Freya*. Diese germanische Göttin der Liebe, der Frauen, der Wildnis, der Sonne, der Tiere ist vor allem mit den Katzen verbündet. Katzen symbolisieren Genuss, Wachsamkeit und Sinnlichkeit. Das Glück, das Freya bringt, das Glück, mit allem eins zu sein und das Leben genießen zu können. Freya liebt die Wildnis, deshalb sollte ihr Altar, mit Gold, Katzenbildern und der Sonne geschmückt, am besten im Freien stehen.
Die ägyptische Göttin des Himmels und der Gerechtigkeit, *Maat*, wiegt die Herzen der Verstorbenen, die zu ihr kommen, um die vollkommene, unendliche

Glückseligkeit zu erlangen, mit einer Feder. Ist das Herz schwerer als die Feder, kann die verstorbene Person nicht vor ihr bestehen. Sie nimmt nur Menschen mit Herzen auf, die so leicht sind wie eine Feder. Wäre sonst nicht der Himmel die Hölle?

Bast, die ägyptische Katzengöttin, auch Bastet genannt und in Bubastis, ihrem heiligen Ort, verehrt, gleicht der Artemis, der jungfräulichen, also eigenmächtigen Göttin. Das Glück, das mit ihr kommt, ist Freiheit, Unabhängigkeit, Eigenmacht und Sinnlichkeit. Salben sind Basts Attribute, deshalb kann man auf ihrem Altar Heilsalben aufladen.

Die magische Kunst, das Glück zu locken

Als ich anfing, dieses Buch zu schreiben, musste ich das Thema gegen den scharfen Wind stemmen, der mir von allen Seiten entgegenschlug in einer Krise, die vermutlich keine ist oder schon immer eine war. Ich überlegte: Was hat mich in letzter Zeit glücklich gemacht? Vermutlich ist dies der wesentliche Unterschied zu einer Therapie: Nicht das, was mich unglücklich macht, analysiere ich, sondern die Essenz dessen, was mich aufbaut, erheitert, zum Lachen bringt, glücklich macht.

Da war die Wiederentdeckung der magischen Plätze meiner Kindheit. Ein Aufenthalt zum Tanzen in Paris. Der heiße Sommer, der es überflüssig machte, zu verreisen. Die Nächte am Fluss. Ein Feuer mit Freundinnen. Mittagessen mit Freundinnen. Ein sanfter Liebhaber. Verblüffende Träume. Tee im Bett. Eine Nacht bei den Felsen. Glück! Und wen hatte ich glücklich gemacht? Zum Beispiel den Wachmann, der die »Fünf Höfe«, ein Edeleinkaufszentrum in München, bewacht. Ich hätte ihm einfach davonfahren können, stieg jedoch vom Fahrrad ab, weil es dort verboten ist zu fahren. Ich nickte ihm lächelnd zu, er nickte zurück. Wir verstanden uns. Ich habe die Macht, dich vom Fahrrad zu holen, und du gehst freiwillig, sagte mir sein Blick, seine gravitätische Haltung. Er war, glaube ich, vollkommen glücklich. Seine Arbeit hatte plötzlich wieder Sinn. Er musste nicht streiten und hatte dennoch Macht.

Meine alte Hausmeisterfreundin machte ich glücklich, weil ich den Kaminkehrer für sie durch ihre Wohnung führte, als sie sich endlich einmal entschloss, zu verreisen. Eine kranke Freundin machte ich glücklich, weil ich ihr alles brachte, was sie brauchte, aber nicht so lang bei ihr herumhing. Eine Spinne machte ich glücklich, weil ich sie in meiner Wohnung willkommen hieß und sie ihre Arbeit tun lasse. Glücklich war wohl auch eine Wespe, mit der ich einen Johannisbeersaft freundschaftlich teilte. Sie flog freiwillig davon, als sie genug hatte. Einen betrunkenen Engländer machte ich glücklich, als ich in einer Samstagnacht von einer Disco nach Hause ging. Er stand vor dem Hotel, war allerdings zu abgestürzt, um es zu erkennen. »Ich sterbe«, sagte er. Es war Oktoberfest und er roch nach Bier. »Sie sind nur betrunken«, beruhigte ich ihn. Ich führte ihn zur Hotelrezeption. Ja, er wohnte da. »Sie haben mich gerettet«, seufzte er. Am glücklichsten machte ich mich selbst, weil ich anfing, dieses Buch zu schreiben, und dadurch ständig mit Glück zu tun habe.

Glück ist eine zerbrechliche und zugleich zähe Substanz. So schnell wie es vielleicht kommen mag, ist es auch verspielt. Glück will gelockt werden. Aber die meisten Menschen, die kein Glück haben, schimpfen, beklagen sich und man hört von ihnen nur: Ich habe kein Glück! Das ist ein mächtiges Mantra. Es sorgt dafür, dass jeder Anflug von Glück im Keim erstickt. Sich darüber zu beklagen, wie schlecht es einem geht und wie unglücklich man ist, hat auch etwas Rechthaberisches. Jemand sagt vielleicht: Versuch doch einmal, etwas Schönes zu tun. Genieße die Sonne! Setze dich an den Fluss und warte, bis deine Feinde vorbeischwimmen. Schon kommt die Antwort: »Das funktioniert bei mir nicht.« Man könnte den Eindruck gewinnen, dass unglückliche Menschen auf das Unglück bestehen, das Glück meiden, damit nicht belästigt werden wollen und es für oberflächlich und unpolitisch halten. Sie begründen ihr Unglück mit politischen Ereignissen, mit der allgemeinen Lage, als sei es politisch nicht korrekt, wenn man glücklich ist. Glück ist ein politisches Programm, weil es die Welt stärker verändern wird als jede Revolution.

Das Glück zu locken ist eine magische Kunst. Zu allen Zeiten und in allen Kulturen wurde diese Kunst gepflegt und keineswegs dem Zufall überlassen. Gleiches zieht Gleiches an, dieses alte magische Gesetz ist die Grundlage dafür, das Glück zu locken. Wer immer nur meckert und jammert, hat wenig Chancen, die Situation zu verändern, weil Mantren Webtechniken sind. Alles, was formuliert, also gerufen wird, verwirklicht sich und festigt sich im Gewebe der Welt. Was nicht gewünscht wird, sollte auch nicht ständig gerufen werden. Hoffentlich passiert dir nichts! Pass gut auf auf dich! Dort ist es doch so gefährlich. Gerade gestern ist dort jemand umgebracht worden. Wer hätte diese Bemerkungen nicht schon gehört oder selbst gesagt. Solche sorgenvollen Sprüche gleichen Verwünschungen. Viel Glück – ist einfach die bessere Alternative. Was kommen soll, wird gerufen. Magie funktioniert eben nicht wie die Beamtensprache. Genehmigt wird dies, aber nicht das und das nur, wenn es nicht dies oder das enthält. In der Magie braucht es nur ein Symbol, ein Wort, ein Gefühl und darauf reagiert das feinstoffliche Impulsgewebe. Wer das Glück wirklich will, muss sich attraktiv machen. Bei mir ist das Glück gut aufgehoben, weil ich es nicht nur locken, sondern auch gut leben kann – das ist die beste Voraussetzung, um das Glück zu überzeugen, Platz zu nehmen.

Wer das Glück locken will, sollte sich zuerst einmal klar machen, was Glück bedeutet. Notfalls kann man es auch aufschreiben. Glück ist Liebe, Glück ist Genuss, Glück ist Entspannung, Glück ist, etwas zu bewältigen, vor dem man sich gefürchtet hat. Glück ist eine vollkommene Liebesnacht, Glück ist, gestreichelt zu werden, ohne dass man dafür etwas zurückgeben muss – so ist die Art der Katzen. Glück ist, wenn du das Unerwünschte wahrnehmen kannst, ohne daran

kleben zu bleiben. Glück ist, wenn alle Sorgen und Ängste fallen. Dann muss es unbedingt etwas zu lachen geben, denn wo gelacht wird, ist das Glück zu Hause. Notfalls muss ein Witz herhalten. Zum Beispiel der: Der amerikanische Präsident Bush ist bei der Queen eingeladen. »Wie machen Sie das?«, fragt er sie, »dass Sie sich auf Ihre Leute verlassen können?« – »Ich mache einen Intelligenztest mit ihnen«, sagt die Queen und nippt an ihrer Tasse Tee. »Ach?«, sagt Bush, »wie geht der?« Die Queen lässt Tony Blair rufen. »Ihre Eltern haben ein Kind. Es ist nicht Ihr Bruder und es ist auch nicht Ihre Schwester, wer ist es?« – »Das bin ich«, sagt Tony Blair. »Sehen Sie«, sagt die Queen zu Bush. »So einfach geht das.«
Bush fährt nach Hause. Er lässt seinen Vize Dick Cheney rufen. »Deine Eltern haben ein Kind, es ist nicht deine Schwester und auch nicht dein Bruder, wer ist es?« Cheney überlegt. »Augenblick noch«, sagt er. Er geht zur Toilette. In der Kabine nebenan sieht er die Schuhe von Colin Powell. »Colin«, ruft er, »deine Eltern haben ein Kind, es ist nicht deine Schwester und nicht dein Bruder, wer ist es?« – »Das bin ich«, sagt Colin Powell. Cheney geht zurück zum Präsidenten. »Es ist Colin Powell«, sagt er triumphierend. »Du Idiot«, sagt Bush, »es ist Tony Blair.«
Genauso wichtig ist Schönheit. Wer das Glück locken will, muss es dem Glück so schön wie möglich machen. Farben, Funde aus der Natur, andere schöne Dinge. Dann die Schönheit des Geistes. Schöne Erinnerun-

gen. Jetzt wird Glück rufen zum Ritual. Alle Rachegedanken, Hass, Neid, Eifersucht, Unzufriedenheit werden für die Dauer des Rituals fallen gelassen. Wer sich davon schlecht trennen kann, sollte aufschreiben, was so hassenswert, so unangenehm ist, dass es nicht vergessen werden darf. Wenn das alles einmal auf dem Papier steht, ist es einerseits wie Ballast abgefallen, andererseits kann es jetzt verbrannt werden, denn aufgeschriebene Sorgen zu verbrennen hilft, sie aufzulösen.

In den erwartungsvollen freien Raum, der jetzt keine Altlasten mehr hütet, kann das Wunderbare nachfließen. Ich habe viele Bücher, die das Wunderbare in allen Facetten abbilden und beschreiben, Bücher über fremde Kulturen, über wilde Landschaften, über traditionellen Stammesschmuck, über die Sprache und die Kultur der Göttin, über die Kultur und das Leben der Frauen und so weiter. Ich habe auch einen Berg, der mir das Glück verkörpert. Alles, was ich tun muss, ist, in einen Zug zu steigen, rund neunzig Minuten in Richtung Salzburg zu fahren, etwa zweieinhalb Stunden auf den Untersberg zu gehen und mich dort am Fuß eines Felsens niederzulassen. Oder ich fahre neunzig Minuten in Richtung Karwendel, auch ein Kraftplatz ohnegleichen. Glück strömt. Eine Reise nach Paris, in die marokkanische Wüste oder in die alten Stein-Kulturen von England, nach Niederbayern, dem Waldviertel oder Frankreich kann mich auch glücklich machen. Und je weniger Geld ich habe, des-

to näher liegt das Glück. Notfalls ist es eine Vollmondnacht an der Isar – was heißt notfalls, die Isar war für mich schon immer der vollkommene Genuss vor der Haustür. Ich singe, ich rassle und rufe das Glück.
Wie ruft man das Glück? Am besten in Reimen. Auf der magischen Ebene wird der Reim, der Gleichklang, zu einem unwiderstehlichen Magnet für Geister und Glücksbringer. Sie lieben das Spielerische, das Närrische. Wer allzu verzweifelt das Glück einfordern möchte, weil er/sie es doch verdient hat, langweilt die Geister. Man muss sich immer vorstellen, dass es in der Geisterwelt keinen Körper und deshalb auch keine körperlichen Qualen gibt. Wie sollen Geister sich diese überhaupt vorstellen? Vielmehr funktioniert der Kontakt mit ihnen so: Wir be-geistern uns und damit sie, wir bringen sie dazu, sich ekstatisch zu verdichten und Glück zu verströmen. Wir stellen uns in diese Glücksdusche und bekommen etwas davon ab. Einfach, oder?
Wer das Glück magisch rufen will, muss sich von konservativen, ängstlichen Beschränkungen trennen. Wenn ich das Glück rufe und mir dabei überlege, ob ich jetzt blöd aussehe, ob jemand über mich lachen wird, ob es peinlich ist, dann habe ich mich noch nicht wirklich entschlossen, im Glück zu baden und glücklich zu sein. Dann bedeutet es mir noch wesentlich mehr, »normal« zu wirken und von anderen Menschen zumindest für respektabel gehalten zu werden.

Aber mal ehrlich: Wissen wir nicht alle, dass Menschen sowieso ständig über andere reden und tratschen. Was sollte das für eine Sisyphos-Arbeit sein, Menschen davon zu überzeugen, dass man ganz toll, respektabel, ehrbar, tadellos ist. Ich weiß, dass über mich getratscht wird, sobald ich mich umdrehe und weggehe. Ich habe dafür Verständnis, weil ich Tratsch für eine notwendige Erholungstechnik der Zivilisation halte. Die Angst, in Verruf zu geraten, lässt sich am besten dadurch bekämpfen, dass man in Verruf gerät. Ich sage es immer wieder gern mit den Worten meiner Mutter: Wer hinter meinem Rücken redet, der redet mit meinem Hintern.

Jetzt steht der vollkommenen Glückseligkeit nichts mehr im Weg.

Glücksspiele

Orakelsprüche für Glückskekse

Die folgenden 64 Orakelsprüche können wie bei den chinesischen Glückskeksen auf Pergament geschrieben und in Gebäck eingebacken oder mit fünf Würfeln ermittelt werden (dreimal würfeln, aus der gewonnenen Zahl die Quersumme errechnen und bei entsprechendem Orakelspruch nachlesen. Liegt die Zahl über 64, muss aus dieser Zahl noch einmal die Quersumme errechnet werden, z. B. 69, 6 + 9 = 15. Dann sehen Sie unter Orakelspruch 15 nach. Da dieses Orakel mit dem I Ging und meinem Geldorakel kompatibel ist, können auch die Bücher »SteinReich« und das Orakelbuch I Ging zur Deutung mit herangezogen werden. Dort werden auch Münzorakel und Schafgarbenorakel beschrieben.

Die Sprüche:

1. Handeln bringt Glück. Jetzt ist es an der Zeit, durch schöpferische Kräfte das Bestehende zu gestalten, zu ändern oder zu beeinflussen.

2. Es ist das Beste, die Hände in den Schoß zu legen – mit den Handflächen nach oben zum Empfang.

3. Aus einem Hindernis wird glückliche Fügung. Nicht aufgeben.

4. Keine Angst vor Fehlern! Sie zu erkennen und daraus zu lernen führt zum Gelingen.

5. Warte auf den richtigen Zeitpunkt und das Gewünschte wird durch Erkenntnis erreicht.

6. Das Glück liegt im Gegensätzlichen, nicht im Gleichen.

7. Sich einer Auseinandersetzung beherzt zu stellen bringt Glück.

8. Im gemeinsamen Handeln liegt die größte Kraft.

9. Spielerische List erreicht mehr als brave Offenheit.

10. Heiterkeit überwindet die Gefahr.

11. Jetzt ist es nötig, die Kräfte auszugleichen und einen Kompromiss zu machen.

12. In dieser Situation muss Wissen und Information eingeholt werden.

13. Freundschaft und Solidarität lösen ein Problem.

14. Ein kostbarer Schatz wartet. Erkenne ihn.

15. Du wirst Erfolg haben, weil du bescheiden bleibst.

16. Verbundenheit mit dem Göttlichen macht vollkommen glücklich.

17. Durch die Hilfe der AhnInnen gelingt dir etwas Großes.

18. Auch durch intensive Pflege wird eine Leiche nicht lebendig.

19. Mit frischer Kraft kann Unmögliches jetzt gelingen.

20. Das Glück liegt in der Genauigkeit der Wahrnehmung.

21. Unbeirrbare sanfte Kraft bringt den Durchbruch.

22. Nicht der Kampf oder die große Kraft, sondern das Weiche, Anmutige gewinnt.

23. Es ist jetzt wichtig, ein Netzwerk von Kräften zu errichten, um Erfolg zu haben.

24. Die größte Kraft und die größte Herausforderung liegen in der Wiederholung.

25. Vertrauensvolle Hingabe und Spontaneität bringen Glück.

26. Nicht handeln. Am Erreichten festhalten und die eigene Macht zeigen!

27. Glück geht durch den Magen – sorge für wertvolle Nahrung.

28. Nichts riskieren, nicht auf unsicherem Grund stehen bleiben.

29. Wie das Wasser werden, keinen Widerstand leisten, überall eindringen, überall hinfließen.

30. Glück liegt in der Hitze. Manches ist erst genießbar, wenn es ein wenig erhitzt wurde.

31. Außen Freude, innen Ruhe, Glück strömt!

32. Gut ist es, das Begonnene unbeirrt durchzuhalten.

33. Es ist nötig, sich zurückzuziehen und die Weisheit aus der Stille zu erfahren.

34. Macht zeigt sich nicht durch große Gesten, sondern durch natürliche Autorität und Ruhe.

35. Gutes Gelingen! Du machst Fortschritte.

36. Wenn das Licht erlischt, ist es gut, die anderen Sinne einzusetzen. Traue ihnen.

37. Glück liegt in der Verbindung zu Familie und Wahlverwandtschaften.

38. Reibung durch Gegensätzlichkeit führt zum Erfolg.

39. Nütze die Verzögerung, um dir der Situation und deiner Kräfte bewusst zu werden.

40. Alles löst sich – glückliche Vorzeichen.

41. Das Glück liegt jetzt in der Beschränkung auf das Nötigste.

42. Ein Gewinn an Geld, Gütern oder Wissen steht vor der Tür.

43. Dir geht ein Licht auf – eine verfahrene Sache bewegt sich.

44. Tu den ersten Schritt – es bringt dir Glück.

45. Es gibt Zeiten, etwas loszulassen, jetzt ist jedoch die Zeit, Wichtiges zusammenzutragen.

46. Geh furchtlos auf die Menschen zu, die dich weiterbringen können.

47. Sich selbst Gutes zu tun ist nicht egoistisch, sondern weise. Achte dich selbst.

48. Wenn es um lebenswichtige Dinge geht, muss man sich vor Ausbeutern und Betrügern hüten.

49. Du häutest dich. Was schmerzhaft scheint, wird zu neuer Kraft.

50. Das Glück liegt im Kessel. Ruhe in deinem eigenen Bauchkessel.

51. Das reinigende Gewitter bringt Klarheit und frischen Mut.

52. Die Zeit existiert nicht. Halte die Betriebsamkeit deines Lebens an, um das zu fühlen.

53. Sammle deine Kräfte, geh deinen eigenen Weg. Großes Glück.

54. Du musst Verbindungen eingehen. Behalte deine Gedanken für dich und beobachte genau.

55. Fülle und Wohligkeit lassen dich überfließen. Genuss.

56. Mach dich auf den Weg zur Quelle, wenn du die Qualität des Flusses ergründen willst.

57. Du kannst mehr erreichen, wenn du deine Fähigkeiten in eine tragfähige Struktur einbringst.

58. Keine Wolke trübt deinen Himmel, Heiterkeit erfüllt dein Leben.

59. Verlass dich auf die spirituelle Kraft und löse dich von menschlichen Machtstrukturen – sie sind nur Illusion.

60. Erkenne die Macht der Grenzen und das Glück der Grenzenlosigkeit.

61. Suche die Weisheit nicht bei anderen. Alles ist schon in dir.

62. Lass dich nicht vom Großen und Mächtigen beeindrucken. Dein Glück liegt im Unscheinbaren.

63. Großes Glück liegt in der Ruhe nach dem Erreichten. Genieße es, ohne dich über andere zu erheben.

64. Du stehst vor dem großen Erfolg. Dein Leben ist Verheißung. Vollkommene Glückseligkeit.

Rezept für Glückskekse

Einen Mürbeteig nach folgendem Rezept herstellen:

- 250 g Mehl
- 1 Ei
- 100 g Zucker
- 1 Päckchen Vanillinzucker
- Zitronensaft
- 100 g Butter

Das Mehl auf eine Tischplatte zu einem kleinen Hügel sieben. In die Mitte des Mehls mit dem Löffelrücken eine Vertiefung drücken. Ei, Zucker, Vanillinzucker hineingeben und mit etwas Mehl zu einem Brei verrühren. Das kalte Fett in Stückchen darum herum verteilen. Alles mit Mehl bedecken und mit kalten trockenen Händen zu einem glatten Teig verkneten. Den Teig vor der weiteren Verwendung etwa dreißig Minuten kalt stellen.
Dann kleine Stücke vom Teig schneiden, mit einer Holzrolle ausrollen (etwas Mehl zu Hilfe nehmen, falls der Teig klebt) und mit einem Glas runde Keksformen ausstechen. Dann entweder einen Zettel mit der Zahl des Orakelspruchs oder dem Orakelspruch klein falten, auf eine Seite des Kekskreises legen und ihn in der Mitte falten, sodass ein Halbmond entsteht. Backzeit bei vorgewärmtem Backofen und mittlerer Hitze fünfzehn bis zwanzig Minuten.

Glückskoordinatenkarte

Um dem eigenen Glück auf die Spur zu kommen, ist es manchmal nicht schlecht, alles zu benennen – und sich damit zu erinnern –, was glücklich macht. Die Glückskoordinatenkarte ist einerseits eine Erinnerung an das Glück, andererseits funktioniert sie nach dem alten Sympathiezauber: Gleiches zieht Gleiches an. Und was gerufen wird, kommt auch.

Auf dem Koordinatenblatt steht:

1. Welche Menschen lösen mit ihrer Anwesenheit bei mir Glücksgefühle aus?

2. Welche Nahrungsmittel oder Gerichte machen mich glücklich?

3. An welchem Ort oder welchen Orten war ich einmal sehr glücklich?

4. Welche Pflanzen freuen mich oder machen mich durch ihren Duft oder ihre Wirkung glücklich?

5. Welche Steine oder andere Glücksbringer überzeugen mich als Hilfsmittel für gute Laune, Glück und guten Ausgang meiner Aktionen?

6. Welches Material trage ich besonders gern auf der Haut?

7. Welche Gedanken, Bilder, Bücher oder Getränke/Nahrungsmittel fördern bei mir guten Schlaf und schöne Träume?

8. Welche Ereignisse (Kino, Theater, Konzert, Tanzveranstaltung, Meditation, Yoga usw.) machen mich glücklich?

9. Wie viele der von mir genannten oder empfundenen Glücksauslöser nähren Suchtstrukturen? (Wenn es viele sind, ist das Glück von kurzer Dauer

und die Glückskoordinaten sollten langsam umgestellt werden.)

10. Welches Lieblingsbuch, welche Lieblingsmusik löst bei mir immer gute Laune oder sogar Glücksgefühle aus?

11. Was ist meine »Glückstankstelle«, wo kann ich mich auftanken, wenn ich mich nicht gut fühle?

Wenn zu jedem Punkt eine oder mehrere Ideen zusammengekommen sind, ist die persönliche Struktur des Glücks entworfen. Jetzt kann man sich anhand der genannten Größen fragen, warum man dieses oder jenes nicht öfter macht, warum man nicht öfter mal einen Ort aufsucht, der gar nicht weit entfernt ist und so gute Gefühle auslösen kann. Warum man sich mit Menschen herumschlägt, die einem Probleme bereiten, anstatt Freundschaften wieder zu pflegen, die gute Energien bringen. Die Liste der Glückskoordinaten kann beliebig ergänzt, immer wieder neu angelegt, verändert werden. Das Glück kommt nicht immer auf dem gleichen Weg. Man kann sich sogar einen kleinen Glücksaltar anlegen, auf dem Symbole für das Glück stehen und auf dem man auch Dinge »aufladen« kann, die vom Glück begleitet werden sollen (auch für andere Menschen, die das gerne möchten und die man auf diese Weise stärken will).

Manchmal kommt man in Situationen, die derart ausweglos und vernichtend wirken, dass man das Gefühl hat, sie niemals auflösen zu können. Da es nicht sinnvoll ist, an der Lösung eines Problems zu arbeiten, das einen zu vernichten droht, ist etwas ganz anderes angesagt: das Glück zu rufen. Die eigenen Kräfte aufzubauen, sich selbst in eine angenehme Situation zu bringen, die dann andere Kräfte anzieht.

Ein afrikanischer Freund macht das so. Wenn er völlig verzweifelt ist, weil er kein Geld mehr hat, leiht er sich von einem anderen Freund für drei Tage Geld. In diesen drei Tagen verhält er sich so, als ob er keinerlei Geldprobleme hätte. Er wird souverän, übermütig und pflegt eine lockere Stimmung, die ihm dann oft genug zu einem Job oder einer Lösung seines Geldproblems verhilft.

Meine Erfahrung ist, dass es manchmal gut ist, eine Wallfahrt zu machen, und ich bin völlig überzeugt, dass auch die christlichen, die buddhistischen oder die muslimischen Wallfahrten so entstanden sind.

Sie nutzen zum einen den Bewegungsfaktor. Wer Probleme hat und sich zu Hause verschanzt, droht depressiv zu werden und hat irgendwann überhaupt keinen Auftrieb mehr. Dagegen weiß man, dass Bewegung, Laufen, Schnellgehen, Joggen, Walken, Tan-

zen die Endorphine im Körper freisetzt. Ohne Endorphine kein Glücksgefühl.
Bewegung in Verbindung mit schönen Orten, traumhafter Natur und mit Menschen, die man gern hat, verstärkt das Glücksgefühl.
Eine Wallfahrt enthält viele der wünschenswerten Effekte: Zu Fuß oder mit dem Fahrrad macht man sich auf einen besonderen Weg. Zum Beispiel zu einem Berg oder einem schönen Ort in der Landschaft, notfalls auch zu einem schönen Wirtshaus. Während man unterwegs ist, beschäftigt man sich idealerweise mit schönen, heilenden Gedanken.
Einmal angekommen, kann man zum Ort der Wahl Kontakt aufnehmen. Es ist schön, so lange zu bleiben, bis man ein Zeichen, eine Art Reaktion wahrnimmt. Man kann auch Fotos machen, um mit ihrer Hilfe die heilende Wirkung dieser Wallfahrt wieder aufzufrischen und sich daran zu erinnern, wie gut sie getan hat.
Für mich sind Wallfahrten auch Tanzabende. Spät gehe ich aus dem Haus, suche mir eine Disco, die die Musik bringt, zu der ich gern tanze. Ich tobe mich ein, zwei Stunden aus und gehe wieder nach Hause.
Mein Körper ist dann belebt, durchgeschwitzt, die Energie vollkommen erneuert, ich bin körperlich erschöpft und vollkommen glücklich.

Wir kennen zwar den Brauch, Gedenkminuten für Verstorbene oder für tragische Ereignisse einzulegen, doch dem Glück im Alltag Raum zu geben ist eher unüblich. Dabei hängt die Verwirklichung des Glücks eben genau davon ab, dass man es will, es tatsächlich ruft, ihm Platz und Zeit gibt und alles tut, um es im eigenen Leben zu verwirklichen. Was den Nebeneffekt hat, dass andere davon erfasst werden und sich wohl fühlen, wenn man in der Nähe ist. Glück ist keineswegs eine egoistische Angelegenheit. Wer glücklich ist, will Glück teilen. (Wem das Herz voll ist, dem geht der Mund über ...)

So wie es die blaue Stunde gibt und den Sonnenaufgang, so gibt es bei mir die Glücksstunde. Seit ich bestimmte Stunden des Tages und der Nacht zu Glücksstunden erklärt habe, erfasst mich unwillkürlich Heiterkeit, wenn sie nahen. Ich freue mich auf diese Glückspunkte in meinem Leben und sie wirken mittlerweile fast automatisch auf mich, auch wenn ich nicht daran denke. Donnerstag, der Tag des Jupiter, der ja der Glücksplanet, der Planet der Intuition, der Fantasie, der Kreativität und des Schöpferischen ist, ist mein Glückstag, der Tag, an dem ich schwierige Geschäfte angehe, meine Steuererklärungen mache und ähnlich komplizierte Vorgänge bearbeite.

Natürlich wird jetzt jeder »rationale« Mensch sagen: Warum sollen diese Stunden oder diese Tage Glück bringen, nur weil man sich dafür entschieden hat, das ist doch Quatsch. Genauso sinnlos ist es dann allerdings auch, an unangenehmen Traditionen festzuhalten, und das machen die meisten Menschen, manchmal ganz unbewusst. »Am Freitag gelingt mir nichts«, sagt der Geschäftsführer einer Elektrofirma, »was ich erledigen will, muss ich vorher machen, sonst habe ich keinen Erfolg.« – »Verhandlungen in Hamburg haben mir noch nie Glück gebracht«, sagt ein Werbefachmann. »Montag ist nicht mein Tag, da ist die Stimmung immer auf dem Nullpunkt.« Ach, wirklich? Da, wo die Zeit herkommt, fließt ständig neue Zeit nach, es gibt keine »langen« und »kurzen« Wochen, keine besseren oder schlechteren Tage, oder doch?

Minuten, die sich wie Stunden anfühlen – die gibt's doch auch. Und was soll eigentlich ein »Heimvorteil« sein? Das ist doch nur ein psychologischer Trick, denn auch die Unterstützung durch Gleichgesinnte oder Fans ist natürlich Einbildung. Die stehen ja nicht mit auf dem Feld oder machen nicht bei der Arbeit mit.

Die Alltagswirklichkeit, die tatsächlich ein Gewebe aus Sichtbarem und Unsichtbarem, aus Pflichten, Freuden, Zwängen, Stimmungen und Nicht-Greifbarem ist, wird von uns allen ständig geflickt, verziert, bestickt, gefärbt, vernäht, aufgetrennt und alles, aber auch wirklich alles hängt davon ab, dass aus diesem feinstofflichen Gewebe ein Fallschirm wird, der trägt, sodass wir nicht abstürzen in das grobe Material des Nichts.

Natürlich weiß auch ich, dass es nicht der Donnerstag ist, der mir Glück bringt, sondern die eigene Überzeugung. Und auf die baut meine Magie und mein Glücksspiel auf: Ich programmiere meine eigenen Koordinaten in mein Leben ein, anstatt mich ständig von fremden Befehlen steuern zu lassen. Ich verbinde mich mit einem Energiefeld, das mich nährt und das auch ich nähre. Das gelingt mir mittlerweile so vollkommen, dass sich sogar der Finanzbeamte überzeugen ließ, dass er noch eine Woche warten muss (nämlich bis ich die Steuererklärung an dem für mich günstigen Tag machen kann). Magische Wirkung beruht auf innerer Unerschütterlichkeit, gepaart mit heiterer Energie und Endorphinausschüttung. Auf dem Wissen über die sichtbare und die unsichtbare, die greifbare und die unbegreifliche Wirklichkeit allen Seins.

Magie hat mit Neugier zu tun, mit Experimentierfreude, mit Wissenwollen und Ausprobieren. Glück magisch anzuziehen hat damit zu tun, das Glück überhaupt für möglich zu halten, denn Glück ist magische Substanz. Unbegreiflich und doch handfest. Das Geheimnis magischer Wirkung ist also, den gelungenen Impuls- und Hormoncocktail von Geist und Körper zu mixen, damit zu spielen, Möglichkeiten zu entwerfen und das Unmögliche zu wagen. Wir machen uns in der Welt der Dinge auf den Weg und begegnen den Wesen aus der Welt der Impulse. Die Begegnung der Zeit mit der Traumzeit, der Materie mit dem unendlichen Raum öffnet einen Spalt im Universum. Durch den strömt das Glück ein. Alles, was es jetzt braucht, ist ein Landeplatz.

Glücksstoffe

Wer das Glück nicht nur rufen und mit Worten, Bildern und Ereignissen befördern will, sondern die Glücksstoffe im Körper aktivieren will, kann sich an die Rezepte der weisen Frauen halten.

Ein Tee aus (unbehandelten) Rosenblättern, Hagebutten und einer Spur Safran räumt die Hindernisse auf dem Weg zur Glückseligkeit sehr effektiv aus dem Weg, ohne Suchtgefahren in sich zu bergen, wie das Alkohol tut.

Heiße Milch mit Honig und Safran ist ein optimales Traum-Mittel, ebenso Artemisia-(Beifuß-)Tee – ein Teelöffel auf eine Viertellitertasse, drei Minuten ziehen lassen. Was dagegen dem Glück wirklich im Wege steht, vor allem während der Nachtruhe, sind schwer verdauliche Nahrungsmittel wie fettes Fleisch, fetter Käse oder übermäßig viel Nahrung vor dem Schlafengehen. Wer an Schlafstörungen oder Albträumen leidet, sollte sich vor dem Schlafen sanfte Bewegung an frischer Luft verschaffen und zum Einschlafen ein Bild vors innere Auge holen, das gute Stimmung verbreitet.

Die weit verbreitete Angewohnheit, im Bett Sorgen zu wälzen oder sogar neue Sorgen zu erfinden, lässt sich ganz gut mit folgendem Mittel bekämpfen:
Man legt sich einen Block neben das Bett und schreibt auf, was alles geeignet ist, sich darüber Sorgen zu machen. Einmal festgehalten, kann man sicher sein, dass man es am nächsten Morgen nicht vergessen wird, und nachts hat sich noch kein Mensch aufgemacht, um dem Finanzamt, dem Zahnarzt oder einem Geschäftspartner seine Probleme hinzuwerfen.
Gute Düfte sorgen zudem für gute Stimmung. Dabei ist es wichtig, keine künstlich erzeugten Essenzen zu verwenden. Reines ätherisches Öl ist zwar teuer, dafür braucht man auch nur ein paar Tropfen, zum Beispiel auf den Putzlappen geträufelt und damit einmal das Schlafzimmer oder das Fensterbrett neben dem Bett gewischt. Unsere Anlegestellen im Hirn reagieren schon auf die sublimsten Impulse.
Glücksstoffe bei ätherischen Ölen und Düften sind Benzoe, Zimt, Vanille, Honig, Balsam, Sandelholz, Bergamotte und Wacholder.
Kakao und Bitterschokolade fördern Glücksgefühle, leider nicht in Verbindung mit Milch. Die Endorphine werden nur ausgeschüttet, wenn nicht Milch oder Sahne dazukommen.

Wohnorte des Glücks

Um sich der eigenen Glücksvorstellung bewusst zu werden und immer genauer zu wissen, was glücklich macht, kann man sich einen Glücksschrein einrichten, auf dem Symbole der Kräfte liegen, die Glück verkörpern.

Wer glaubt, mit Geld glücklich zu werden, legt einen Geldschein dort hin. Wer am glücklichsten an einem Strand mit Palmen war, kann ein Foto von diesem oder einem ähnlichen Strand aufstellen. Der Schrein selbst kann fantasievoll gestaltet sein, in den Farben und Formen, die der ganz persönlichen Glücksidee entgegenkommen. Natürlich kann man auch traditionelle Glücksbringer mit in die eigene Gestaltung einbauen.

Wohnorte des Glücks gibt es auch in der Natur, in Landschaften. Oft sind sie als »Tanzplatz«, »Hexenplatz« und manchmal sogar als »Teufelsort« beschrieben.

Woher kommt die Verbindung? Die Magie überlässt das Glück nicht dem Zufall. Wo früher getanzt und gelockt wurde, sah die immer mächtiger werdende Kirche Teufelswerk und benannte es auch so. Glück kann also sehr oft an tabuisierten Orten gefunden werden.

Die Glückshaube

Die traditionelle Glückshaube ist, wie beschrieben, die Eihaut, die sich um den Kopf des Neugeborenen legt, und sie ist nicht gerade leicht zu finden. Einfacher ist es, sich Kopfbedeckungen oder Kleidungsstücke zu nähen, die wie eine Glückshaube funktionieren. Eine meiner Freundinnen hat ein Cape, das sie ihr »Glückscape« nennt. Sie legt es um, wenn ein schwieriger Termin bevorsteht. Auch kleine Kappen oder Tücher können als Glücksbringer aufgeladen werden. Es muss ja nicht gleich das fundamentalistische muslimische Kopftuch sein. Noch geeigneter sind Schmuckstücke. Das Problem mit solchen Glücksbringern ist, dass sie auch mal verloren gehen. Dann muss man sich sofort emotional von ihnen trennen und sich immer vor Augen halten, dass sie Glück bringen, weil man selbst davon überzeugt ist. Sie unterstützen eine innere Haltung. Sie sind nicht die Träger des Glücks.

Der lange Atem

Um das Glück zu finden, ist es wichtig, aus der Suchtstruktur »Unglück« auszusteigen, aus dem Jammern, dem ewigen Wiederholen von Ungerechtigkeiten und Kummer. Die Welt ist ungerecht. Wer das bis jetzt nicht verstanden hat, ist irgendwie nicht ganz anwesend. Obwohl wir in der »Festung Europa« rechtsstaatlich verwaltet werden und eigentlich davon ausgehen, dass alles demokratisch, gerecht, weise und menschlich zugeht, müssen wir doch zugeben, dass es genauso oft undemokratisch, grausam, unmenschlich und schwachsinnig zugeht, müssen uns doch daran erinnern, dass die ursprüngliche griechische Demokratie auf der Ausgrenzung von Frauen, von Schwachen, auf virtuoser Kriegsführung und auf Sklavenhaltung basierte. Also, was soll's, immer wieder klagend Gerechtigkeit einzufordern? Das Glück braucht beherzte Entschlossenheit und den langen Atem, um sie durchzuhalten. Atem. Das Glück braucht Atem. Wir sind an der bedeutendsten und zugleich einfachsten, billigsten und am leichtesten zu erreichenden Glückssubstanz angekommen. Der Atem ist Anfang und Ende. Erneuerung, Begeisterung, Beflügelung, Verfeinerung. Mit dem Atem strömt Energie durch den Körper, der Atem ist magische Anregung für alle Prozesse im Körper.

Hier eine Atemübung, die für mich zur lebensrettenden, beglückenden, heilenden Kraft wurde. Sie stammt aus dem Yoga und ist Belebung, erste Hilfe und Heilung zugleich:

Man sollte bequem sitzen, vielleicht im Schneidersitz, aber jedenfalls so, dass der Rücken aufgerichtet ist und die Knie nicht schmerzen. Dazu können die Knie mit Kissen abgestützt werden. Auch auf einem Stuhl sitzend, kann diese Atemübung sehr gut durch-

geführt werden. Mit dem Daumen der rechten Hand hält man den rechten Nasenflügel zu und atmet links vollständig aus. Dann atmet man links wieder ein, hält mit Ringfinger und kleinem Finger der rechten Hand den linken Nasenflügel zu und atmet rechts vollständig aus. Dann wieder auf der rechten Seite ein … Diese Wechselatmung beruht auf dem vollständigen Ausatmen und natürlichen Einatmen, so wie der Körper es ganz von allein macht, jeweils eines Nasenflügels. Durch diese Wechselatmung wird das Gehirn auf ungewöhnliche Weise beatmet und angeregt und der Atemfluss wird in andere Bahnen als gewöhnlich bei der eher oberflächlichen und flachen normalen Atmung gelenkt.
Wer noch weitergehen will, um die köstliche Wirkung des einfachen Atems zu spüren, kann zwischen dem Wechsel von der einen auf die andere Seite eine Weile die Luft anhalten. Wenn die Luft länger als zwanzig Sekunden angehalten wird, beginnt der Körper mit der Zellatmung, das heißt, er verschafft sich Sauerstoffaustausch durch die Zellen. Vollkommene Glückseligkeit!

Glück

Am Morgen strecke ich mich in meinen Körper und wasche und salbe ihn, weil er mein Tempel ist. Ich zünde in der ganzen Wohnung Kerzen an und räuchere mit wohlriechendem Wacholderholz. Ich wecke meine Stimme und singe ein wenig, dazu lasse ich die Finger über eine alte mongolische Trommel laufen. Während ich Tee trinke, betrachte ich Bilder meines Lebens und denke darüber nach, was ich in der Situation empfand, manchmal lese ich auch noch ein wenig, um mich einzustimmen auf den Tag und die Wirklichkeit draußen. Niemals lese ich vor dem Frühstück oder zum Frühstück die Zeitung. Den Schrecken der Welt begegne ich erst, wenn mich meine zauberhaften Morgenrituale närrisch genug gemacht haben, um mich ihnen zu stellen.

Dann mache ich den »Hund« aus dem Yoga. Ich gehe auf alle viere. Handflächen liegen auf dem Boden, die Finger sind gespreizt, die Mittelfinger sind nach vorn ausgerichtet; die Knie sind etwa hüftbreit voneinander entfernt, die Füße liegen mit dem Rist auf dem Boden. Dann stelle ich die Zehen auf und strecke das Gesäß nach oben in die Dreieckstellung, dehne die Seiten, dehne die Rückseite der Beine und arbeite die Fersen in Richtung Boden. Wenn auch die Fersen den Boden berühren, hebe ich die Zehen an, um die Dehnung in der Rückseite der Beine zu verstärken. Der »Hund« ist die einzige Yogaübung, die alle wesentlichen Dehnungen beinhaltet und zugleich den ganzen Körper wach und lebendig macht. Jeden Tag achte ich auf etwas anderes. Einmal ist es die Stellung der Hände und die Gewichtsverteilung, dann wieder die Stellung der Füße, ihre Belastung, die Streckung der

Beine. Der Kopf hängt frei. Das ist vielleicht das Befreiendste daran. Der Hintern lacht in den Himmel, der Kopf entleert sich in die Erde. Die Wirklichkeit ist auf den Kopf gestellt, das Blut sagt dem Hirn guten Morgen. Jetzt bin ich dem Tag gewachsen.

»Wollen Sie Glück speichern?«, fragt der Computer. Was für eine Frage. Speichern!

Nichts ist da

Die Zeit läuft mir weg
Es gibt keine Zeit
Die Qualen der Menschen greifen mich an
Es gibt keine Menschen
Die Zerstörung der Natur macht mir Angst
Es gibt keine Natur
Meine Schmerzen beunruhigen mich
Es gibt keine Schmerzen
Die Unruhe der Gedanken treibt das Hamsterrad an
Es gibt keine Gedanken
Aber die Existenzängste?
Es gibt keine Existenz.
Mein Stress …
Es gibt mich nicht
Wie kann ich nicht da sein?
Ich spüre mich?
Wer ist ich?
Nichts ist da
Vollkommene Glückseligkeit.

CELESTINE

Der Kult-Roman zum ersten Mal vollständig auf CD

JAMES REDFIELD
Die Prophezeiungen von Celestine
Zum ersten Mal vollständig
als Hörbuch in neuer Aufnahme
gesprochen von Henk Fleming
€ [D+A] 34,95
Unverbindliche Preisempfehlung
ISBN 978-3-89903-535-3

Die abenteuerliche Suche nach den 9 Prophezeiungen führt zu einem Quantensprung des Bewusstseins – ein bis heute einzigartiger Bestseller

Mit »Celestine« schrieb James Redfield eines der größten Kult-Bücher der letzten 10 Jahre, das allein in Deutschland über 2 Millionen Leser gefunden hat und bis heute eine weiter wachsende Fan-Gemeinde begeistert.

In dieser ersten vollständigen und neu aufgenommenen Hörbuchfassung spricht Henk Fleming den Ich-Erzähler, der in eine abenteuerliche Jagd nach dem größten Geheimnis der Menschheit verwickelt wird, die ihn von Los Angeles bis zu geheimnisvollen Ruinen im Dschungel von Peru führt.

9 CD, 10 Stunden 25 Minuten mit Tracks

Allegria HÖRBUCHHAMBURG